SOUVENIRS

DE LA CAMPAGNE DE CRIMÉE.

Nimes. — Typ. SOUSTELLE, boulevart Saint-Antoine, 9.

SOUVENIRS

DE LA

CAMPAGNE DE CRIMÉE

Par L. GRIFFON.

La gente franca impetuosa e ratta,
Allor quanto più puote affretta i passi.
(Tasso, *Gerus. Liber.* canto XI.)

PARIS

LEDOYEN, LIBRAIRE, 31, GALERIE D'ORLÉANS,

PALAIS-ROYAL.

1857.

A M. AUGUSTE BABILLIOT,

Chef d'institution à Laon.

Les épisodes contenus dans cet opuscule ont paru en feuilletons dans deux journaux du Midi. Les abonnés ne les ayant point trouvés dépourvus d'intérêt, je me suis décidé à les réunir en un petit volume, auquel j'ai seulement ajouté quelques notes. Puissent les lecteurs du Nord n'être pas plus exigeants que ceux du Midi.

J'ai cru devoir intituler ce livre : *Souvenirs de la Campagne de Crimée*, parce qu'en France tout passe, s'use rapidement et que la guerre d'Orient est déjà loin de nous.

Je regrette, mon cher ami, de n'avoir eu connaissance d'aucun de ces traits éclatants de bravoure de la nouvelle Garde impériale, émule de l'ancienne. Des documents m'ont aussi manqué relativement au génie et à l'artillerie, ces deux corps spéciaux qui font l'admiration de l'Europe.

Nimes, 26 mai 1857.

PREMIER ÉPISODE.

LES

CHASSEURS D'AFRIQUE.

> Les chasseurs à cheval ont rendu les plus grands services à la guerre.
>
> JOACHIM AMBERT.

L'Angleterre, favorisée par une heureuse position géographique, a senti qu'elle devait être avant tout puissance maritime. Dans cette conviction, elle a su concentrer tous ses efforts sur une bonne marine militaire et marchande. Par son patriotisme, sa politique et sa ténacité, elle est parvenue à s'emparer du sceptre des mers. Cet avantage est d'une portée tellement incalculable que l'Angleterre dont les côtes sont à l'exception de l'Irlande (1), presque inabordables, peut, sans débarquer un homme, lutter avec succès contre une puissance quelconque, dont elle ruinerait du moins le commerce maritime. Mais si les Anglais sont formidables sur mer, ils sont loin de l'être sur le continent par leurs troupes de terre. La conscription n'y est point en vigueur et si dans la marine royale un matelot peut aspirer à tout, il n'en est pas de même dans l'armée où les grades sont réservés à la noblesse et aux hommes jouissant d'une certaine fortune (2). Aussi, quand l'Angleterre doit fournir un contingent tant soit peu considérable, est-elle forcée d'avoir recours à des enrôlements d'étrangers, la conscription ne pouvant être établie chez

---

(1) L'Irlande, séparée de la Grande-Bretagne par le canal de St-George, aussi dangereux que la Manche, est catholique romaine. Tant que cette contrée n'embrassera pas la religion anglicane, elle sera malheureusement toujours traitée en pays conquis, quand même elle aurait pour avocats une centaine d'O'Connell. L'Angleterre a sacrifié et sacrifiera continuellement les raisons d'humanité à sa politique.

(2) Les charges d'officiers se vendent jusqu'au grade de lieutenant-colonel. L'acheteur doit subir un examen théorique et pratique. S'il en était autrement, on conçoit que l'armée anglaise n'aurait pas d'officiers capables.

elle que par un changement de constitution.

Ces quelques mots nous semblaient nécessaires pour montrer pourquoi nos braves alliés n'ont point accompli en Crimée ce que l'on attendait d'eux, et pour détruire la fausse idée que l'on s'est faite de leur puissance.

Non seulement l'armée de terre, chez nos voisins, est peu nombreuse, mais encore elle laisse beaucoup à désirer sous le rapport d'une bonne organisation : un de ses vices principaux, c'est que les moyens de subsistance n'y sont point assurés. Les Anglais n'ont pas, comme nous, pour régler le service des vivres, un corps d'adjudants, de comptables, d'officiers d'administration, militairement parlant, appelés *riz, pain, sel,* (1) et par suite de ce défaut d'organisation, l'armée anglaise a eu maintes fois à souffrir de la disette. Dans sa plus forte crise, c'est-à-dire quand il s'agissait pour elle d'une question de vie ou de mort, *to be or not to be*, l'Angleterre en lutte avec Napoléon Ier eût perdu, faute de

---

(1) Nous n'avons pas l'intention d'insulter les officiers d'administration, pas plus que ceux du train ou autres. Chaque arme a pour ainsi dire été baptisée d'un surnom qui n'ôte rien à la bravoure du soldat.

vivres, son armée entière en Portugal sans le secours des habitants du pays sur lesquels il n'est pas toujours bon de compter. Lorsque sir Arthur Wellesley, depuis si célèbre sous le nom de Wellington, en prit le commandement, il trouva le service des subsistances dans un état déplorable, et il dut user de toute sa sévérité pour y rétablir un peu d'ordre (1).

L'abus qui, en 1809, a eu lieu dans le Portugal, s'est renouvelé d'une manière plus déplorable encore pendant l'hiver que les troupes anglaises ont passé en Crimée. Les Français toujours généreux et qui étaient convenablement approvisionnés en vivres, se sont empressés de les secourir ; mais ils ne pouvaient se priver du nécessaire, la navigation de la mer Noire dans cette saison de l'année étant dangereuse et les arrivages quelquefois en retard.

(1) Le général X.... commandant un corps d'armée, dit au fournisseur en chef : « Si demain à midi mes troupes n'ont point reçu leurs rations, je vous fais fusiller. » Le fournisseur ami de Sir Arthur qui lui avait fait donner cet emploi alla se plaindre à ce dernier et en reçût cette réponse : « Arrangez-vous, mon cher ; si le général X...vous a parlé ainsi, il est homme à tenir parole. Dès lors, le fournisseur fut plus exact et moins rapace.

Un de nos escadrons des chasseurs d'Afrique, campé près de Balaklava pour entretenir les communications entre les deux armées française et anglaise, a été témoin de la pénurie à laquelle était réduit un escadron de *heavy dragoons* (1). Un jour par une matinée de janvier, assez belle mais nébuleuse, un jeune cornette (2) du nom de Sir James Fenwick, chef par interim de l'escadron anglais, dit à un brave lieutenant de chasseurs d'Afrique qui s'appelait Roussel : By God, Sir Roussel, si nô continiouer dans la manque de nourrissement, nô être obligés de manger nos cheval et que penser vô d'un cavalier sans son montage ?

— En effet, un cavalier démonté ne rend pas des services éclatants. Mais à quoi diable ! votre gouvernement a-t-il songé pour n'avoir pas mieux assuré

---

(1) Dragons lourds. C'est la grosse cavalerie anglaise. Ils sont coiffés du casque, de la stature de nos carabiniers, mais sans cuirasse. Les Anglais n'ont pas de cuirassiers, dont ils croient devoir se passer, à cause des grands progrès faits par l'artillerie. Les *light dragoons* (dragons légers) ne portent point le casque ; ce sont des chevau-légers destinés au même service que nos chasseurs à cheval.

(2) On appelle cornette *(cornet)* le sous-lieutenant de cavalerie et enseigne *(ensign)* celui d'infanterie.

vos moyens d'existence ? Il a jugé sans doute que vos poches pleines de guinées vous procureraient partout bon gîte et bonne table ; cependant, vous voyez que....

— Yes, yes ; nô avoir de l'or grandement beaucô, et dire qu'avec ce precious métal, nô qui aimer le confortable, aller périr de faim comme un mécréant Irlandais. Il être indeed, désolant, pour le soldat anglais qui manger autant que deux Français.

— Nous le savons ; mais, dites-moi, votre soldat fait-il double besogne ?

— Oh nô; il être trop heureux quand lui pouvoir égaler vô.

— C'est juste, et puisque vous parlez si bien, j'ai à vous communiquer une idée qui peut-être sera de votre goût.

— Vitement ! vitement, parler vô.

— Nous avons fait de nombreuses razzias sur les Arabes qui nous ont enseigné l'art de surprendre l'ennemi sur ses derrières. Comme nous avons d'excellents chevaux et que les vôtres ne sont point mauvais, il nous faut pousser une pointe à 4 ou 5 lieues d'ici sur les derrières du Russe; vous fournirez 50 hommes et moi autant que je me charge d'obtenir de mon capitaine commandant. Le temps est assez beau et le brouillard nous favorisera.

— Oh! yes, yes, mon brave camarade, idea excellent. Nô avoir de grandes sacs et moa en donner un à chaque dragoon pour mettre la butin dedans.

— Diable ! ne vendons pas la peau de l'animal avant de l'avoir tué. L'essentiel est de nous procurer les vivres dont vous avez un besoin urgent ; quant à les emporter, c'est une mince affaire.

— Yes; avec vô Français alertes, moa calkiouler d'avance sur le succès, courons rassembler de souite nos cavaliers.

Une demi-heure après, les chasseurs et les dragons étaient réunis. M. Roussel, en qualité d'officier plus élevé en grade, allait donner l'ordre du départ, quand sir James lui dit : Encore cinq minutes s'il plaire à vô, je attendre mon cousine lady Jenny qui vouloir être témoin d'une bataillerie de cavaliers.

— Vous plaisantez, sir James, vous ne voudriez pas exposer une jeune personne à des aventures aussi périlleuses.

— Pâdeune, sir; je plaisanter pas, Miss Jenny avoir une grande fâchement contre moa, si je l'emmener pas. Elle être intrépide et avoir fait le chasse à le tigre dans les Indes.

— Intrépide tant que vous voudrez, vous avez eu tort de lui parler de notre expédition.

— C'est vrai, je avoir pas pensé.

— Croyez-moi, dissuadez de son projet cette femme qui doit vous être chère et qui n'est pas venue visiter la Crimée en simple touriste.

— Vô dans le herreur; mon cousine il être curious et il n'aimer pas moa de hamour; je le vouloir pour mon femme et elle rifiouser moa. C'est fachous, car elle être une de les plus riches héritières de la Angleterre. La voici.

Lady Jenny appartenait à la haute aristocratie anglaise. C'était une jeune fille d'environ 19 ans, au teint blanc, à l'œil bleu, à la longue et belle chevelure d'un blond un peu équivoque; elle était svelte, plutôt grande que petite, et montait une jument de race avec une grâce qui eût fait honneur à une écuyère de Franconi. La noble demoiselle, vêtue en amazone et l'épée au côté, alla se placer à la gauche de M. Roussel qui lui dit: Pas ici, milady, placez-vous, s'il vous plaît, derrière l'escadron.

— Point du tout, Monsieur, s'il y a un engagement, je ne verrai rien, et je ne suis pas venue dans cette intention.

— Je vous ai poliment assigné la place qui vous convient, mademoiselle, place qui probablement ne sera pas sans danger, car si vous vouliez me croire, je vous prierais de rentrer dans votre tente.

— Prière inutile, monsieur ; je suis curieuse et je n'ai pas peur.

— Alors, comme chef des deux détachements, je vous ordonne, sinon de vous retirer, du moins de vous placer sur les derrières et à une distance respectueuse.

— Vous êtes peu galant pour un Français, mon lieutenant. Je ne suis pas soldat, mais volontaire ; en cette qualité, je puis me placer où bon me semble.

— Faites ; ce que femme veut, Dieu le veut. Puissiez-vous ne pas avoir à vous en repentir !

M. Roussel mit son escadron en mouvement, les chasseurs, cavalerie légère, en avant et les dragons anglais fermant la marche.

Nos chasseurs pendant la route gardèrent, contre leur habitude, un morne silence, soit que la compagnie d'Anglais les eût rendus tristes, soit que l'atmosphère chargée de brouillards eût sur eux une funeste influence. Ils n'avaient pas à faire, il est vrai, une promenade d'agrément pour examiner des sites pittoresques et les beautés d'un pays; si tel eût été leur but, l'illusion n'eût pas tardé à s'évanouir. La contrée qu'ils traversaient était sèche et aride, il y avait par ci par là quelques broussailles et, dans certains endroits, le sol était tellement nu qu'on eût dit que le feu y avait passé.

L'escadron avait déjà fourni une course de près de cinq lieues sans avoir vu une maison ou un seul habitant. Il commençait à désespérer du succès de sa tentative, quand Lady Jenny, douée d'une vue perçante, dit au lieutenant qu'elle apercevait des chariots attelés et des soldats se disposant à monter à cheval.

M. Roussel donna à son escadron l'ordre de s'arrêter et se porta lui-même à quelques pas en avant pour vérifier l'exactitude de l'assertion de miss Jenny. Il reconnut que c'étaient des fourgons appartenant à des *hussards à quatre roues* (1). Il revint aussitôt et commanda la charge; il enjoignit aussi à ses

---

(1) C'est le surnom des soldats du train des équipages. On les apelle aussi *hussards à gros bec* et charretiers.

hommes de se servir de l'arme blanche seulement, les armes à feu pouvant attirer l'attention de l'ennemi.

Les chasseurs s'élancèrent avec leur impétuosité ordinaire et les premiers *hussards* qui leur tombèrent sous la main furent sabrés sans avoir aperçu l'ennemi. Une trentaine de Russes furent massacrés et autant faits prisonniers; d'autres, et c'était le plus grand nombre, avaient eu le temps de fuir. Cette affaire, dans laquelle les nôtres n'avaient pas perdu un seul homme, avait été si prompte que la latte des dragons anglais ne fut point teinte de sang.

Il y avait quinze chariots attelés et pleins de vivres. Le lieutenant apprit des prisonniers que ces provisions étaient destinées au régiment d'infanterie de Smolensk campé à deux lieues de là, qu'il n'y avait pas de cavalerie dans les environs et que l'escadron du train dont ils avaient été détachés se trouvait au moins à quatre werstes.

M. Roussel, joyeux de sa capture et ajoutant peu de confiance à des renseignements donnés par des ennemis, ne songea pas un instant à poursuivre les fuyards, mais plutôt à conduire sur-le-champ les chariots du côté de Balaklava, son projet dès le principe ayant été de faire des vivres et non des prisonniers. Il força les Russes tombés en son pouvoir de servir de conducteurs et quand ils ne remplissaient pas leurs fonctions assez vite, les coups de plat de sabre des dragons anglais les stimulaient d'une vive ardeur.

L'escadron allié arriva sans encombre au lieu de sa destination. On se figure plus facilement que nous ne saurions les exprimer, les transports de joie des Anglais à la vue de ces provisions et leurs vivats en l'honneur de nos vaillants cavaliers, qu'ils traitaient de libérateurs et de braves Français. Malheureusement, on était inquiet sur le sort de la courageuse Lady Jenny qui à moitié route avait été emportée du côté des Russes par son coursier qui avait pris le mors aux dents. Sir James, averti par le lieutenant, avait refusé tout secours à sa cousine, sous le prétexte qu'elle avait à subir le châtiment de sa témérité. Cependant M. Roussel, ne pouvant exposer la vie de ses hommes pour sauver lui-même une femme qui lui avait été utile, crut devoir envoyer à son aide un fourrier avec quatre chasseurs. Ce sous-officier, du nom de Delvincourt, était un jeune languedocien brun et d'une belle figure méridionale. Ancien séminariste, il avait échangé volontairement la soutane contre le casque de cuirassier. Trois mois plus tard, il était entré aux chasseurs d'Afrique.

Delvincourt, bon écuyer et monté sur un excellent cheval arabe, avait atteint en un quart d'heure Lady Jenny, qui s'étant déjà rendue maîtresse de son coursier, dit au fourrier : Je vous remercie infiniment, monsieur; cependant je m'attendais à voir mon cousin sir James voler à mon secours. Cela n'est pas un reproche pour vous à qui je rends encore une fois mille grâces.

— Votre cousin, mademoiselle, militaire avant tout, répond du salut de ses hommes et il ne pouvait...

— Bien ! mais je crois que si un de ses chiens favoris ou de ses chevaux eût disparu, il se serait mis à sa poursuite ; pour une femme, une parente, cela n'en valait pas la peine, Oh! les Anglais ! quelle triste race d'hommes! Qu'il n'en soit plus question. Parlons d'autre chose, et marchons au petit trot ; il n'y a rien à craindre, car si messieurs les Russes n'étaient pas contents de la leçon qu'ils ont reçue, ils seraient trop exigeants.

A propos, il me semble vous avoir vu pour votre part abattre trois ou quatre Moscovites.

— Oh! mademoiselle, je l'ignore. Dans la chaleur de l'action, on ne compte pas ses ennemis ; chacun fait son devoir.

— Vous êtes trop modeste, monsieur. J'ai été témoin de vos exploits; vous avez achevé entr'autres, d'un coup de sabre, un grand gaillard que je n'avais tué qu'à moitié.

— Comment, mademoiselle, vous avez tiré l'épée ? quel courage !

— Oui et la force n'a pas répondu à mon courage ; j'assistais au feu pour la première fois. Oh ! que je voudrais être homme !

— A quoi bon, mademoiselle ? ne vaut-il pas mieux être comme vous une femme charmante ?

— Savez-vous, M. le chasseur, que je pourrais prendre cela pour une déclaration à la hussarde ?

— Prenez-le comme vous l'entendrez, mademoiselle, j'ai dit une très-faible partie de la vérité, et si j'osais....

— Assez, la nuit s'avance, mettons-nous au galop.

Lady Jenny, avec ses cinq chasseurs d'escorte, ne tarda pas à rentrer dans sa tente près de Balaklava. Après avoir goûté pendant la nuit un repos dont elle avait un besoin extrême, elle se leva le lendemain, parfaitement remise de ses fatigues et le cœur dispos. En déjeûnant avec sir James, elle lui communiqua un projet qu'il désapprouva complètement. Voyant sa cousine persister dans son opiniâtreté, il prit congé d'elle assez brusquement pour se rendre chez M. Roussel. Celui-ci sortait de son logement pour faire une visite à son capitaine, quand il rencontra sir James qui, d'un air un peu agité, le prit par le bras en lui disant : Ecouter vô, moa avoir de les nouvelles à apprendre à vô.

— Votre cousine serait-elle malade ?

— Oh no; il s'en falloir; elle songe à marier soi.

— Où est le mal quand même vous ne seriez pas l'épouseur ?

— Il n'être pas un mal de prendre un mari, mais le choisissement il n'être pas défendute. Elle vouloir épouser ce sergent que vô avoir envoyé hier sur ses traces. C'est shocking !

— Je n'en suis pas surpris, et ce n'est pas la première fois, je pense, qu'ils se sont vus. Mon fourrier Delvincourt est assez entreprenant; c'est un joli homme, ayant quelque instruction, et d'une honnête famille.

— Mais y penser vô ? C'est un grand mésalliage. Une lady épouser un militaire qui n'est pas officier ! Fi donc !

— Vos lords épousent bien des danseuses ou des modistes qui viennent on ne sait d'où ; je ne vois pas pourquoi ce qui est permis aux hommes ne le serait pas aux femmes.

— Vô ignorer pas que dans tout contrée les hommes pouvoir faire tout et les femmes être vitupérables. Chercher vô un autre motive.

— Delvincourt s'est élancé à son aide ; elle n'a couru aucun danger, il est vrai, mais dans le cas contraire, son sauveur n'eût pas été sir James.

— Oh ! oh ! lieutenant, vô faire rire moa. Y avoir pas un roman ou un vaudeville dans lequel une femme sauvée n'épouser pas son libérateur. C'est trop commun et je ajouter trop stioupide. Je supposer à mon cousine un meilleur sentiment.

— En effet, les romanciers et les fabricants de pièces de théâtre ont tellement exploité ce thême qu'il est usé à fond. Néanmoins, tout n'y est pas faux. Les journaux français et anglais ont signalé assez souvent les vols *à l'américaine*, ce qui n'empêche pas les voleurs de l'espèce de rencontrer journellement des dupes.

— Oh! yes, yes. Mais ce n'être pas cette prétexte. Je présumer plutôt que le noire chevelure et le grâce avec lequel le sergent-fourrier se tenir à cheval ont charmé milady.

— Quelle idée! ce serait par trop original, pour ne pas dire plus.

— Elle avoir rifiousé moâ parce qu'elle pas aimer les blonds et que je tenir moâ à cheval sans désinvolture et comme un véritable statue.

— Diable! vous vous livrez, vous autres Anglais, à tant d'excentricités que je ne sais…. mais non ; ce n'est pas possible. Votre cousine a voulu plaisanter et ce mariage n'aura pas lieu.

— Yes, il avoir lieu. Je connaître milady. Quand je avoir demandé si le fourrier avoir sollicité son main, elle avoir dit no ; seulement, elle être sûre de l'amour du Français.

— Je vous crois. La femme la plus sotte n'ignore pas le pouvoir de ses charmes et miss Jenny, qui est loin de l'être, sait qu'elle est aimée. Nous serons de nôce bientôt, sir James.

— Moâ aller à son nôce, oh ! no. Je avoir pas le courage de voir un parente apporter à un hétranger un dot de dix mille pounds (1) de revenu *per annum*.

— Votre absence serait remarquée et on l'attribuerait à un dépit amoureux. Assistez-y au contraire et jouez jusqu'à cette époque une indifférence complète à l'égard de votre cousine.

— Yes, vô être d'une bonne conseil et moâ agir en philosophe. Je avoir maintenant une autre chose à commiouniquer à vô. C'est un lettre écrit par mon sergent-major et que je hadresser à le chef du 5e escadron du train russe. La voici :

M. Roussel lut ce qui suit :

Monsieur le commandant,

Les fourgons que nous avons pris à vôs *hussards* sont bien garnis. Le pain, la viande, etc, se trouvent de bonne qualité. Le vin de France qui sans doute était destiné à votre corps d'officiers trahit par son bouquet son origine bourguignonne; mais l'eau-de-vie avec laquelle vous enivrez vos soldats pour les faire

---

(1) Le pound est la livre sterling qui vaut de 24 fr. 25 à 24 fr. 50 de notre monnaie.

gnalé assez souvent les vols *à l'américaine*, ce qui n'empêche pas les voleurs de l'espèce de rencontrer journellement des dupes.

— Oh! yes, yes. Mais ce n'être pas cette prétexte. Je présumer plutôt que le noire chevelure et le grâce avec lequel le sergent-fourrier se tenir à cheval ont charmé milady.

— Quelle idée! ce serait par trop original, pour ne pas dire plus.

— Elle avoir rifiousé moâ parce qu'elle pas aimer les blonds et que je tenir moâ à cheval sans désinvolture et comme un véritable statue.

— Diable! vous vous livrez, vous autres Anglais, à tant d'excentricités que je ne sais.... mais non; ce n'est pas possible. Votre cousine a voulu plaisanter et ce mariage n'aura pas lieu.

— Yes, il avoir lieu. Je connaître milady. Quand je avoir demandé si le fourrier avoir sollicité son main, elle avoir dit no; seulement, elle être sûre de l'amour du Français.

— Je vous crois. La femme la plus sotte n'ignore pas le pouvoir de ses charmes et miss Jenny, qui est loin de l'être, sait qu'elle est aimée. Nous serons de nôce bientôt, sir James.

— Moâ aller à son nôce, oh ! no. Je avoir pas le courage de voir un parente apporter à un hétranger un dot de dix mille pounds (1) de revenu *per annum*.

— Votre absence serait remarquée et on l'attribuerait à un dépit amoureux. Assistez-y au contraire et jouez jusqu'à cette époque une indifférence complète à l'égard de votre cousine.

— Yes, vô être d'une bonne conseil et moâ agir en philosophe. Je avoir maintenant une autre chose à commiouniquer à vô. C'est un lettre écrit par mon sergent-major et que je hadresser à le chef du 5ᵉ escadron du train russe. La voici :

M. Roussel lut ce qui suit :

Monsieur le commandant,

Les fourgons que nous avons pris à vôs *hussards* sont bien garnis. Le pain, la viande, etc, se trouvent de bonne qualité. Le vin de France qui sans doute était destiné à votre corps d'officiers trahit par son bouquet son origine bourguignonne; mais l'eau-de-vie avec laquelle vous enivrez vos soldats pour les faire

---

(1) Le pound est la livre sterling qui vaut de 24 fr. 25 à 24 fr. 50 de notre monnaie.

battre est d'un goût détestable. J'ai dans mon escadron des cavaliers qui sont passablement ivrognes et ils n'en veulent pas. Il faut réellement avoir un gosier moscovite pour avaler ce poison, que nous serons forcés de vous renvoyer. Cependant, malgré ce reproche pour votre mauvaise eau-de-vie, je dois vous remercier, commandant, de ces provisions qui ne nous ont coûté que la peine de les prendre et de sabrer en passant quelques soi--disant soldats. Quand vous en aurez à nous livrer au même prix, nous les accepterons de grand cœur.

J'ai l'honneur de vous saluer,

SIR JAMES FENWICK,
Cornette au 3ᵉ escadron du 4ᵉ heavy dragoons.

M. Roussel, après la lecture de cette missive, dit à sir James : Cette lettre est inconvenante, je la déchirerais au lieu de l'envoyer.

— Nô, nô, milady avoir donné à moâ contrariement beaucô, et moa vouloir m'amiouser à taquiner le Russe.

La réponse à sir James ne se fit pas attendre ; trois jours après, le cornette entrait dans la tente de M. Roussel pour lui communiquer la lettre ci-dessous qui n'était point flatteuse :

Monsieur le cornette,

J'aurais peut-être dû ne pas vous répondre ; mais, réflexion faite, j'ai mieux aimé, en ma qualité d'ancien militaire, vous donner une leçon. Puissiez-vous en profiter.

D'abord, si vous n'étiez pas un conscrit, disons le mot, un *blanc bec*, vous ne mépriseriez pas votre ennemi, et vous sauriez que les surprises ne sont pas rares à la guerre. Vous pourriez sans déshonneur essuyer demain l'échec que nous avons éprouvé il y a quatre jours.

Ensuite, votre langage de pourfendeur, de matamore est très-déplacé. Les Anglais sont trop flegmatiques et trop lourds dans leurs mouvements pour surprendre un ennemi ; c'est le contraire qui leur arrive. Ne vous attribuez donc pas un honneur dû aux vaillants chasseurs d'Afrique. Quant aux nôtres qui n'ont point, selon l'habitude, incendié leurs équipages plutôt que de les laisser tomber entre les mains de l'ennemi, je vais leur appliquer la loi du talion.

Je vous salue,   Baron Doctilof.

—Eh bien ! dit le lieutenant, ne vous avais-je pas conseillé sagement ?

— Oh ! le polissone, quand nô avoir

la paix, moâ avoir avec lui un diouel à mort.

— Vous auriez plus tort encore ; c'est vous qui devez des excuses.

— Moâ, des exkiouses ! jamais.

Le lendemain, le lieutenant Roussel et sir James, se promenant sur la place d'armes comme deux amis inséparables, virent défiler un officier russe et une centaine de cavaliers de la même nation. Sir James soutenait que c'étaient des prisonniers, et M. Roussel des déserteurs, aucun combat n'ayant eu lieu depuis longtemps.

L'officier russe qui comprenait notre langue, mit de suite fin à la discussion, et s'adressant à M. Roussel : Vous avez raison, monsieur, nous sommes des déserteurs, la faim nous y a forcés.

— Peste ! je ne supposais pas les Russes privés de vivres dans leur propre pays.

— Ils en ont en abondance, mais non pour nous qui, soldats du train des équipages, avons abandonné nos fourgons à l'ennemi, il y a cinq jours.

— Ah ! qui se serait attendu à vous voir ici ? vous avez devant vous le chef de l'expédition.

—Recevez mes compliments, bien que

vous nous ayez causé une terreur panique.

— Cependant, jamais on n'a condamné à mourir de faim des hommes qui ont été surpris ou même vaincus.

— C'est vrai. Ce qui a excité la bile de notre commandant, le baron Doctilof, c'est une lettre insolente à lui adressée par un cornette anglais.

— Un lettre insolent, s'écria sir James; le réponse de votre baron, il être beaucô plus injurieuse, et à le rétablissement de la paix, moâ demander raison à lui. Voir vô que moâ être le cornette en question.

— Vous n'avez pas besoin d'attendre pour un duel le rétablissement de la paix, lui dit le Russe; présentez-vous en parlementaire, et notre commandant, soyez-en sûr, acceptera le cartel; ce n'est pas à lui votre supérieur en grade à faire le premier pas.

— Bien! camrade, je remercie vô de l'avis. Votre commandant pas tarder à recevoir des nouvelles miennes. Vouloir vô continuer le récit que je regretter avoir interrompu.

« Notre commandant, reprit l'officier russe, toujours en s'adressant particulièrement à M. Roussel, instruit que nous n'avions pas eu affaire à une masse de cavalerie alliée, fut saisi d'un violent accès de colère et m'interpellant : « Lieutenant, me dit-il, vous et vos hommes ne recevrez pas de rations de vivres tant que vous n'aurez pas enlevé à l'ennemi la quantité de fourgons perdus par votre négligence ou votre lâcheté. Allez. » Forcés d'obéir, nous nous mîmes hier en marche, bien montés et armés de bonnes lances. Nous attaquâmes, à deux lieues de notre campement, un bataillon d'infanterie française qui nous dispersa promptement et nous tua vingt hommes. Dans notre fuite nous fîmes prisonniers huit fantassins égarés et nous les emmenions triomphalement, dans l'espérance d'obtenir notre pardon, quand notre commandant à leur vue se mit à rire, en nous disant: Ce ne sont pas là des soldats, mais des *croque-morts* (1). Rentrez vite en campagne et frappez sur les *hussards à quatre roues* anglais ou français. »

Il n'était pas facile de découvrir le campement de vos soldats du train ;

---

(1) On appelle ainsi les infirmiers militaires. Ils ont aussi d'autres noms que par décence nous devons omettre.

cependant, à force de chevaucher, nous aperçûmes un détachement de cette arme que nous chargeâmes. Mais ces militaires, que notre commandant désigne sous le nom ridicule de *hussards à quatre roues*, étaient sur leurs gardes; ils se défendirent comme des lions et nous tuèrent quinze hommes. Désespérant du succès et à jeun depuis trente-six heures, nous n'avons eu d'autre ressource que la désertion.

— Bravo, lieutenant! vous n'en avez pas moins pris votre revanche et vous êtes toujours les Scythes du temps d'Alexandre-le-Grand. Il n'y a rien à gagner dans votre maudit pays. Pour quelques fourgons à vous enlevés, nous serons, pendant je ne sais combien d'années, obligés de nourrir et d'entretenir une centaine des vôtres dans notre légion étrangère. Quand donc la paix se rétablira-t-elle?

Environ seize mois plus tard, le traité de Paris avait mis fin aux hostilités. Les touristes et les officiers alliés pouvaient à loisir visiter le théâtre de la guerre, les ruines de Sébastopol, les bords de la Tchernaïa et pénétrer même jusqu'à la capitale de la Crimée, Symphéropol, où il y avait spectacle et société choisie. Lady Jenny, devenue depuis trois mois Mme Delvincourt, s'était fixée dans cette dernière ville, aussitôt après la conclusion de l'armistice, préliminaire de la paix. Elle occupait des appartements de duchesse et recevait avec une grâce charmante dans ses salons la noblesse russe qui l'avait accueillie avec les mêmes égards. Il y avait une quinzaine de jours qu'elle avait auprès d'elle son mari, MM. Roussel et James. M. Delvincourt était toujours maréchal-des-logis fourrier, il n'avait point voulu quitter son régiment avant la fin de la guerre et sa femme ne l'eût pas permis; mais, s'il n'avait pas augmenté en grade, il avait reçu un témoignage éclatant pour ses bons services, la croix de la Légion-d'Honneur. M. Roussel était capitaine ainsi que sir James; ce dernier, outre son avancement dans la carrière militaire, avait fait de grands progrès dans la langue française qu'il parlait alors assez purement.

 Un jour que nos quatre personnages avaient déjeûné à la campagne, sir James, à la fin du repas, dit à sa cousine : quel est le nom de cette jeune et belle demoiselle brune avec qui j'ai eu l'honneur de danser hier deux fois à votre soirée?

— Pourquoi cette question, capitaine ? Auriez-vous des vues sur elle ?

— C'est possible.

— Ah ! vous avez bien vite, cousin, oublié vos serments. Vous m'aviez juré de ne jamais vous marier si je refusais votre main.

— J'ai changé d'avis apparemment, car je n'aime plus les blondes.

— Et si la demoiselle avait le même goût ?

— C'est juste ; je n'y avais pas pensé. Écoutez ma cousine, vous êtes bonne et vous me paraissez avoir quelque influence sur cette jeune personne, tâchez de la disposer en ma faveur. Si elle a décidément une antipathie contre les blonds, je me ferai teindre les cheveux en un beau noir.

— Que vous êtes peu expérimenté, mon jeune officier, de croire que les femmes s'occupent de la couleur des cheveux !

— Ainsi, vous ne m'avez pas refusé pour ce motif.

— Certes non ; c'était un faux prétexte, le véritable, c'est que vous ne me plaisiez pas, du moins pour mari.

— Vous me consolez ; mais en attendant, vous ne m'avez pas encore dit le nom de cette charmante personne ?

— Mlle Lodoïska Doctilof.

— Serait-ce la fille d'un certain baron Doctilof, chef d'escadron ?

— Vous l'avez dit.

— Diable! et moi qui cherchais cet officier pour me couper la gorge avec lui.

— Vous le connaissez donc ?

— Personnellement non ; seulement, je lui ai écrit il y a quelques mois une lettre fort polie et il m'a répondu par des injures.

— Madame, dit M. Roussel, sir James intervertit les rôles, il est l'agresseur et doit au commandant des excuses qui ne déshonorent nullement un homme brave.

— Au fait, Roussel a raison, reprit sir James. Puisque le commandant est ici, je lui ferai des excuses aujourd'hui même, car si je me battais je pourrais être tué par mon adversaire ou le tuer, et dans les deux cas la demoiselle serait perdue pour moi.

Dans l'après-midi, sir James présenta en effet ses excuses au baron Doctilof qui les accepta et le reçut avec une franchise toute militaire. J'ai eu, lui répondit-il, moi-même quelques torts ;

je vous ai traité un peu durement sans égard pour votre jeunesse; veuillez me le pardonner. Nos deux gouvernements ayant fait la paix, nous aurions, nous simples officiers, mauvaise grâce à nous quereller. Que tout soit donc oublié, capitaine, et acceptez mon amitié en échange de la vôtre. Quand vous voudrez m'honorer d'une visite, vous serez le bien venu.

Sir James sortit enchanté du brave chef d'escadron et courut chez sa cousine pour lui faire part de sa joie : J'ai eu l'honneur de voir le commandant lui dit-il. Oh ! quel homme excellent. Combien je regrette de lui avoir envoyé un écrit injurieux ! combien plus coupable encore étais-je de vouloir tuer en duel un officier qui m'a comblé de marques d'amitié! Pour peu que le caractère de la jeune fille ressemble à celui du père, j'ai l'espoir de réussir.

— Vous le pouvez, sir James, si vous savez être aimable. Vous avez même d'autant plus de chances de succès que le cœur de la demoiselle est libre et que je vous aiderai de toutes mes forces.

— Oh ! mille remercîments ! adorable cousine.

Sir James ne voulut point retourner

chez le commandant avant d'avoir déclaré son amour à celle qui en était l'objet. Bien qu'agissant dans les vues les plus honnêtes, il tenait à s'assurer du consentement de Lodoïska avant de demander celui du père.

Le capitaine anglais qui avait le bonheur de voir presque chaque jour Mlle Doctilof dans les salons dont elle était le principal ornement, ne tarda pas à profiter d'une occasion favorable pour lui parler en particulier. Quoiqu'il se fût montré auparavant envers elle presque aussi galant qu'un Français, il se hasarda, en tremblant, à une tendre déclaration d'amour et lui demanda si, avec le consentement de son père le baron, elle n'aurait pas de répugnance à accepter sa main. Mlle Lodoïska d'abord un peu interdite, mais qui avait dans le caractère quelque chose de la franchise paternelle, ne laissa pas longtemps notre officier dans l'inquiétude : elle répondit modestement qu'elle s'était toujours soumise aux volontés de ses parents.

Dès le lendemain, sir James entrait chez le commandant qui, en l'apercevant, lui reprocha la rareté de ses visites.

— Elles seront désormais moins rares, mon commandant, répondit l'Anglais.

— Tant mieux ! mon ami.

— Oui, mais en soupçonneriez-vous la cause ?

— Non, je ne suis pas fort pour deviner les énigmes.

Mlle Lodoïska, votre noble fille, a su me charmer par ses grâces et sa beauté. Je viens vous la demander en mariage et vous n'auriez pas la cruauté de me la refuser.

— Despote dans mon escadron seulement, je laisse ma fille libre. Lui avez-vous fait part de vos intentions ?

— Parbleu ! mon commandant, je ne suis plus un conscrit ; je savais bien que le consentement de la demoiselle était plus difficile à obtenir que celui du père ; maintenant j'ai les deux et l'affaire n'en ira pas plus mal.

— Bien, capitaine. Qui diable aurait pu soupçonner que j'aurais pour gendre un officier anglais qui a contribué à mettre en fuite un de mes détachements et voulait me provoquer à un duel à mort ? C'était la volonté de Dieu. Soyez heureux, mes enfants.

Trente jours à peine s'étaient écoulés que le capitaine James était uni à la belle

Lodoïska. Les deux époux, selon la mode anglaise, allèrent passer la lune de miel dans une campagne des environs d'Odessa appartenant à la famille Doctilof. Mme Delvincourt se consola de leur absence en compagnie de son mari qui l'aimait autant que le premier jour de leur mariage, et du brave capitaine Roussel, à qui elle dit un jour : La félicité de vos amis ne vous fait-elle pas envie, capitaine, et ne songeriez-vous point à vous engager dans les liens d'hyménée?

— Croyez, madame, que je sais apprécier tout le bonheur qu'un homme peut goûter dans la société d'une femme charmante, comme vous, par exemple, mais je suis un peu âgé pour songer au mariage ; j'ai quarante-cinq ans et j'aurai bientôt des droits à la retraite. J'attends avec impatience ce moment pour me rendre auprès de ma bonne et vieille mère dont je suis l'unique enfant.

A l'heure où nous écrivons ces lignes, nos deux couples coulent des jours heureux. Puissent-ils jouir longtemps encore d'une telle vie ! Nous le souhaitons et nous osons même l'espérer. Au milieu des naufrages de la vie conjugale, la Providence permet toujours à quelques-uns d'arriver sains et saufs au port.

———

DEUXIÈME ÉPISODE.

LES DRAGONS.[1]

> A voir ces casques étincelants,
> ces crinières flottantes, l'ennemi
> se croit chargé par des lions.
> JOACH. AMBERT.

On se rappelle que, dans le cours de l'année 1855, une de nos brigades de cavalerie, composée des 4e hussards et 6e dragons, franchit la Tchernaïa pour attaquer dans la plaine, du côté des hauteurs de Mackenzie, une division de

---

[1] Quelques écrivains militaires ont pensé à tort, il nous semble, que les dragons sont une arme d'invention moderne. Les Romains avaient des *dimachæ*, mot dérivé du grec δις deux fois et μαχειν combattre, parce que ces soldats étaient destinés à combattre, selon les besoins et les circonstances, tantôt à pied,

lanciers russes qui semblait jeter un défi aux alliés. On se rappelle aussi, d'après les détails donnés par le *Moniteur* et d'autres journaux, que les Russes, à l'aspect de l'avant-garde des hussards, firent bonne contenance et prirent tout-à-coup la fuite, en apercevant par un beau soleil les casques étincelants de nos dragons (1). Il est facile de concevoir le dépit de nos braves, en voyant fuir comme une volée d'oiseaux cette nuée de cavaliers qui pouvaient procurer à cette brigade le baptême du feu, et une part dans les pénibles et glorieux travaux d'une campagne dont l'infanterie avait eu jusqu'alors tout l'honneur.

tantôt à cheval. Aujourd'hui, leurs fonctions sont les mêmes et ils sont, dans ce but, armés de petits fusils à capucine jaune semblables à ceux qui étaient, il y a quelques années encore en usage dans l'infanterie légère. L'annuaire de l'armée classe, on ne sait pourquoi, les dragons dans la cavalerie de ligne ainsi que les lanciers. Cependant il n'y a aucun rapport entre ces deux armes ; les dragons comme cavaliers se servent de la latte et chargent à l'instar des cuirassiers. Sous Napoléon 1er, ils comptaient dans ce qu'on appelait la grosse cavalerie et ils ont été en tout temps considérés comme soldats d'élite. Sous nos anciens rois ils portaient le nom d'arquebusiers à cheval.

(1) Ce fut dans la même journée vers le soir, que les dragons ayant déposé leurs casques dénonciateurs pour se revêtir du modeste képi, taillèrent en pièces deux bataillons ennemis placés en embuscade.

Le général commandant, dans la crainte de tomber dans un piége et aussi pour se conformer à ses instructions, dut, bien malgré lui, se résigner à ne point poursuivre l'ennemi et à reconduire ses soldats dans leurs quartiers respectifs. Néanmoins, avant d'en venir à une marche rétrograde, il fit appeler le colonel des dragons et lui dit : Colonel, c'est une partie manquée et probablement remise. En attendant, comme vous avez dans votre corps plusieurs militaires aguerris et sortant des chasseurs d'Afrique, je vous invite à détacher dix hommes seulement, commandés par un sous-officier courageux et prudent qui puisse reconnaître si les fuyards ont ou non rejoint le gros de l'armée russe campée sur les hauteurs de Mackenzie.

Un instant après, un vieux maréchal-des logis du nom de Béchard, parut devant son colonel qui lui dit en particulier : Ecoute, mon brave, je veux te charger d'une mission de confiance de laquelle peut dépendre le salut de toute la cavalerie française. Il s'agit simplement de connaître d'une manière exacte le lieu de refuge des lanciers russes. Prends donc à ton choix huit dragons déterminés avec deux brigadiers. Surtout pas d'imprudence ; si tu t'acquittes bien de ta mission, la croix de la Légion-d'Honneur sera ta récompense.

Le maréchal-des-logis Béchard était un homme de moyenne stature, un peu chargé d'embonpoint, mais encore actif et vigoureux, malgré sa chevelure grisonnante qui annonçait la quarantaine. Il s'était distingué dans les guerres d'Afrique où il avait obtenu la médaille militaire. Une large cicatrice descendant de l'œil gauche jusqu'à la bouche et résultant d'une blessure reçue en Algérie, était en partie recouverte par une longue moustache noire qui, jointe à des yeux pleins de vivacité, lui donnait un aspect vraiment martial. Béchard était, en un mot, ce que nous appelons un brave militaire, d'une instruction peu solide et bon pour un coup de main. On ne lui connaissait qu'un défaut, celui de faire des visites trop fréquentes à la cantine de son régiment.

Nos dragons s'élancèrent au galop à l'accomplissement de leur mission. A 2 kilomètres de leur point de départ, ils traversèrent un hameau composé d'une douzaine de maisons éparses et paraissant inhabitées. Cependant, arrivés à la dernière maisonnette, ils virent assis sur un banc devant sa porte un vieillard décoré d'un ordre militaire de Russie et qui les interpella en assez bon français:

— Où courez-vous si vite, camarades? Iriez-vous à la maraude par hasard? Si cela est, vous arrivez trop tard.

— Non, mon vieux, répondit Béchard, nous respectons trop la propriété. Mais, d'après ce que vous venez de dire, la contrée serait infestée de maraudeurs?

— Pas tout-à-fait, cependant il y a une heure environ, 25 ou 30 lanciers des nôtres ont dévalisé un pauvre diable qui, retenu par la goutte, n'a pu, comme les autres habitants de ce hameau, se réfugier à Symphéropol. Ils lui ont enlevé sa volaille, une quantité de bouteilles de bourgogne, ce lait des vieillards, et jusqu'à la provision de pain.

— Quels pillards! Quels bandits!

— Ces misérables ont donné pour prétexte qu'ils enlevaient ces provisions afin d'en priver les Français qui, à-coup-sûr, les saisiraient. Heureusement je suis là pour venir au secours de mon voisin et de la bonne femme qui le soigne.

— Comment se fait-il que ces sacripants vous aient épargné?

— Oh! ils m'ont respecté parce que je suis un ancien soldat pensionné, ayant guerroyé contre Napoléon I*er*. Dans ce temps-là, messieurs, nous ne mettions pas nos concitoyens à contribution; quant à l'ennemi, c'était...

— Assez, mon vieux ; nous connaissons vos exploits pendant la campagne de France, estimez-vous heureux de ne pas nous voir agir de même. Adieu.

Béchard poussa hardiment sa reconnaissance sans avoir questionné davantage cet étranger et sans s'inquiéter des paroles d'un ancien militaire qui, par zèle de patriotisme, pouvait avoir intérêt à le faire échouer dans sa mission. Si ces 25 ou 30 lanciers pillards n'étaient pas une invention du vieux Russe pour l'effrayer, il se promettait, en cas de rencontre, de les charger vigoureusement avec ses dix hommes d'un courage éprouvé.

Cependant, les dragons purent bientôt se convaincre que le Russe ne leur avait point débité une fable ; à un quart de lieue du hameau, ils virent une trentaine de chevaux attachés à des arbres devant une ferme abandonnée, à en juger par la toiture et les portes enlevées. Ces chevaux étaient harnachés; les lances et les sabres ne laissaient aucun doute sur leurs propriétaires. A cette vue,

Béchard fait mettre, sans bruit, pied à terre à une brigade en donnant à l'autre l'ordre de rester à cheval sur le qui-vive. Il entre avec cinq dragons armés de leurs fusils dans une cour où des lanciers russes étaient assis en cercle sur la terre nue et se préparant à consommer les provisions de bouche dérobées. Béchard ne pouvant tirer sur des hommes sans armes ne savait quel parti prendre, lorsque leur chef, un maréchal-des-logis nommé Kokanoski, qui avait habité quatre ans la France, leur dit :

Avancez-donc, messieurs les dragons français, nous avons de quoi vous régaler.

Aussitôt les lanciers, comme s'ils avaient compris les paroles de leur maréchal-des-logis, élargirent à l'envi le cercle pour faire place aux nôtres. Béchard était indécis s'il devait ou non accepter cette offre, quand Kokanoski ajouta :

— Allons donc, camarades, c'est sans cérémonie. Nous n'avons pas de siéges à votre service ; la cuisine n'est pas de qualité première et la vaisselle manque; mais, c'est égal; à la guerre comme à la guerre ; si nous n'avons que du jambon, de la volaille cuite à moitié, en revanche le vin de France est excellent.

C'est un don forcé d'un vieil avare qui n'était pas digne d'en jouir.

Béchard, amateur du bon vin, céda à la tentation et alla s'asseoir avec ses dragons à côté des Russes. L'accord s'établit si bien entr'eux qu'on eût dit, à les voir, des soldats du même régiment, et une conversation franche ne tarda pas à s'engager :

— N'avez-vous que cinq hommes, demanda Kokanoski à Béchard ?

— Pardon collègue, il y en a cinq autres dehors, en observation.

— Faites-les entrer sans crainte; notre cavalerie est au moins à une lieue d'ici.

— Non, il faut toujours se tenir sur ses gardes. Quand mes dragons se seront reconfortés, ils iront relever leurs camarades qui viendront à leur tour prendre part à cette fête.

— Comme il vous plaira. A propos ! de combien de régiments se composait votre colonne d'attaque ?

— De deux régiments.

— Deux seulement ! Alors nos chefs nous en ont imposé; ils ont ordonné la retraite, en répandant le bruit que toute la cavalerie française était à nos trousses ; à moins qu'il n'aient cherché à vous attirer sur le premier plateau de Mackensie où-ils sont fortement retranchés ; mais vos généraux n'ont pas été assez simples pour donner dans le piége.

— Ainsi votre cavalerie s'est retirée, vous en êtes certain, sur les hauteurs de Mackensie ?

— Vous me paraissez attacher à cela beaucoup d'importance ?

— Oui, s'il faut vous le dire, j'ai été envoyé en reconnaissance dans ce but.

— Eh bien! puisque je vous ai empêché d'accomplir votre mission, je vous confirme, foi d'honnête soldat, la vérité du fait. Nous étions à l'extrême arrière-garde, et vous ayant vu opérer un mouvement rétrograde, nous avons cru pouvoir sans péril nous détacher de notre corps et tirer, selon le langage des marins, une bordée ici où nous ne pensions pas avoir le plaisir de lier connaissance avec vous.

— Ainsi, je dois regarder ma mission comme accomplie ?

— Assurément!

Une demi-heure après, les cinq autres dragons, relevés par leurs camarades, participaient à ce repas en plein air et étaient accueillis aussi amicalement par

Kokanoski qui reprit alors la conversation :

— Vous n'avez peut-être pas remarqué, collègue français, que mes lanciers ont presque constamment les yeux fixés sur vous ? Devineriez-vous pourquoi ?

— A cause de cette grande balafre qui me partage la figure ?

— Non ; ce qui attire leurs regards, c'est votre sabre dont la forme est singulière et la poignée richement ornée.

— En effet, ce sabre n'est pas d'ordonnance, mais il en vaut bien un autre, et j'y tiens.

— C'est quelque présent sans doute, ou une capture faite en Afrique sur un prince arabe.

— C'est un présent et un superbe encore. Ce cimeterre a tranché beaucoup de têtes. Il a appartenu au célèbre Ali, pacha de Janina. Je l'ai reçu d'un seigneur turc, cousin d'Ali pacha et habitant Constantinople.

— C'est une grande libéralité de ce seigneur qui, en mémoire de son infortuné cousin, a dû s'en dessaisir avec peine.

— Non, j'avais été assez heureux pour lui rendre un service. Il voulut absolument, malgré tous mes refus, me récompenser, et n'osant avec raison m'offrir de l'argent, il me pria d'accepter ce cimeterre dont on ne pourrait estimer le prix; car, le meilleur rasoir anglais ne coupe point en comparaison de cette arme terrible dans les mains de qui sait s'en servir.

Cependant, tout ici-bas devant avoir une fin, le plaisir ainsi que la peine, nos dragons et nos lanciers, assez bien dispos malgré leurs copieuses libations, remontèrent à cheval et se rangèrent en ordre, comme s'ils avaient à passer une revue. Ils étaient sur le point de se quitter les meilleurs amis du monde, quand le quart d'heure de Rabelais sonna pour les lanciers russes : ceux-ci venaient d'apercevoir dans le lointain leur capitaine galopant à leur recherche, en compagnie d'un lancier d'ordonnance. Kokanoski prévoyant les suites de son escapade, eut recours à Béchard et lui dit :

Camarade, nous avons été trahis; ne nous abandonnez pas. Voici notre capitaine, c'est un homme dur qui ne plaisante pas sur la discipline; pour nous épargner un châtiment sévère, faites-nous le plaisir de l'emmener prisonnier.

— C'est entendu. Toutefois, voyons

ce qu'il vous dira. Vous me traduirez ses paroles.

Le capitaine, arrivé auprès de ses lanciers en ordre de bataille, allait s'exaspérer en reproches contr'eux, lorsqu'en voyant nos dragons armés lui rendre les honneurs dus à un officier, il crut convenable de demander des explications au maréchal-des-logis Kokanoski : Si ces dragons sont prisonniers, pourquoi ne pas les avoir désarmés ?

— Oh! oh! mon capitaine, avant de les désarmer, il faudrait s'en saisir.

— Qui vous en empêche ? Vous êtes trois contre un.

— Trois motifs : 1° nous ne serions pas sûrs d'y parvenir ; 2° il ne tenait qu'à ces dragons de nous faire prisonniers, puisqu'ils nous avaient surpris sans armes ; 3° nous avons mangé ensemble plus que le pain et le sel.

— O maraudeurs! ô pillards! vous vous entendez comme des brigands que vous êtes... patience...

— Que voulez-vous, mon capitaine ? nous sommes de petits voleurs et comme tels punis rigoureusement, tandis que les voleurs plus haut placés marchent tête levée.

— Ah! misérable! vous calomniez vos

supérieurs ! Rentrez au corps et le knout fera justice de.......

Le capitaine n'avait pas eu le temps d'achever. Béchard, quoique ignorant la langue russe, avait compris par les gestes de l'officier le sort réservé à ses nouveaux amis. Il s'était élancé sur le capitaine et l'avait entraîné au milieu de ses dragons, en lui disant : vous êtes mon prisonnier.

L'officier russe avait été enlevé si brusquement qu'il regarda d'abord cela comme une plaisanterie ; mais, voyant ses lanciers impassibles, il s'aperçut de la réalité et les apostropha ainsi: Lâches! laisserez-vous emmener votre capitaine par une poignée de Français ? Il n'y a donc pas un homme parmi vous ?

Ces derniers mots produisirent de l'effet, le lancier d'ordonnance se précipita la lance au poing sur Béchard qui était à la tête de sa petite troupe : heureusement notre sous-officier se tenait sur ses gardes; d'un coup de cimeterre, il partagea en deux la lance du Russe dont il épargna la vie, en se contentant de lui dire : Conscrit, va ramasser ta lance pour voir s'il n'y a pas moyen d'en rajuster les deux bouts. Ce coup brillant excita l'hilarité des soldats des deux corps qui se séparèrent bientôt après fort satisfaits les uns des autres, les lanciers pour se retirer au camp de Makenzie et les dragons avec leur prisonnier sur la rive gauche de la Tchernaïa.

Les nôtres marchaient tranquillement au petit trot, tout en s'entretenant de leur rencontre singulière avec les lanciers russes, sans que le capitaine, qui probablement parlait français, se fût mêlé à la conversation. Béchard, désireux de faire plus ample connaissance avec cet officier, essaya de le tirer de son mutisme.

— Votre position de prisonnier vous rend bien triste, mon capitaine; il n'y a cependant pas de quoi, ce malheur pouvant arriver chaque jour au militaire le plus brave.

— Je ne puis encore m'expliquer la lâcheté de mes soldats, répondit-il.

— Non, capitaine, ils ne sont point lâches; pour vous parler franchement, vous avez été trop sévère à leur égard; c'est pourquoi ils vous ont abandonné. Vous les avez même en notre présence menacés de coups de knout, autant que j'ai pu en juger pas vos gestes.

— C'est vrai; mais savez-vous que

sans le knout nous n'aurions pas de troupes disciplinées ?

— C'est un châtiment cruel et déshonorant.

— Je vous attendais là. Il le serait assurément en France où vos soldats sont en général instruits et civilisés ; les nôtres, au contraire, sont des serfs brutes et ignares qu'on est forcé de conduire à coups de bâton.

— Triste nécessité !

— Oui, et nous ne sommes pas la seule nation réduite à cet expédient. Que dites-vous de l'Angleterre qui use des mêmes moyens.

— Que c'est indigne d'un peuple aussi avancé en civilisation.

— Bien ! je continue : il y a peu d'années, il fut question au Parlement d'abolir la bastonnade dans l'armée anglaise et, grâces à Wellington, ce genre de punition a été maintenu.

— C'est beau de la part d'un général en chef ! j'aurais bien voulu entendre les arguments du noble lord en faveur de la schlague.

— En voici en quelques mots la substance : « Il ne faut pas, messieurs, dit-il, prendre pour modèle la discipline de l'armée française ; ce qui réussit chez nos voisins serait ici un énorme contresens. En France où règne la conscription, les soldats sont d'honnêtes citoyens et les repris de justice sont incapables de servir. En Angleterre où nous n'avons pas les mêmes ressources de recrutement, nous sommes forcés d'enrôler des vagabonds, des gens sans aveu ou échappés des prisons. D'autre part, la salle de police ou la prison qui est un châtiment pour le Français au caractère gai et léger, n'en est presque pas un pour l'Anglais froid et mélancolique. Nous avons, messieurs, la cavalerie française exceptée, la première armée du globe. Si vous retranchez la bastonnade, plus d'armée ; bientôt vous serez obligés de la rétablir avec la même discipline qu'auparavant. »

— La première armée du globe ! diable ! messieurs les Anglais sont passablement fanfarons. Certes, leur armée est brave, principalement les Ecossais, mais.. les premiers du monde ! il faut être fou pour y croire.

— En effet, les Anglais poussent l'amour-propre national trop loin ; leurs troupes qui sont excellentes, surtout les Ecossais, comme vous l'avez fort bien dit, sont solides pour la résistance et ne valent rien pour la guerre de tirailleurs.

— Et ce Wellington que plusieurs de ses concitoyens enthousiastes ont eu l'audace de placer même au-dessus de Napoléon Ier! Quelle opinion en avez-vous ?

— Wellington était sans contredit infiniment au-dessous de Napoléon(1), cependant, vous ne lui avez pas rendu justice en France. Le lord Anglais, d'après tous les hommes compétents sur la matière, était d'une habileté extrême pour la guerre défensive; il avait sur ses soldats un ascendant à-peu-près égal à celui de Napoléon. Ce n'était pas, vous le voyez, un général ordinaire; seulement, il a eu le malheur d'être contemporain du plus grand capitaine des temps modernes.

La conversation fut interrompue par un brigadier qui montra à Béchard un escadron ennemi à leur poursuite. Nos

---

(1) Wellington lui-même ne l'ignorait pas. Avant la bataille de Waterloo, après avoir blâmé, en présence de ses généraux, les dispositions de l'Empereur, il ajouta : et cependant, messieurs, c'est notre maître à tous (Voyez M. d'Israëli, *Études parlementaires*). Le noble lord qui pleurait sur le champ de bataille en voyant ses régiments massacrés ou en fuite, avait oublié que Napoléon n'avait pas le choix du terrain où se déciderait la lutte ; son plan était de battre les alliés en détail ; si ce plan échoua, on sait que ce ne fut pas la faute de son auteur.

dragons, malgré leur courage, ne se crurent pas assez forts pour attendre les Russes. Ils piquèrent vivement leurs chevaux qui, semblant partager la crainte de leurs maîtres, s'élancèrent comme s'ils avaient eu des ailes.

Les dragons avaient laissé loin derrière eux l'escadron ennemi qu'on n'apercevait plus; mais ils avaient évité un péril pour tomber dans un autre : ils n'avaient pas remarqué, dans leur fuite précipitée, qu'ils s'étaient trop rapprochés de Sébastopol. Ils allaient remettre leurs chevaux au pas ordinaire, quand un boulet, parti de la batterie *Gringalet*, tua un dragon et blessa au poignet gauche le capitaine prisonnier. Force fut de continuer le galop et d'obliquer à gauche. Ils entendirent encore les boulets siffler à leurs oreilles sans autre accident. Bientôt ils furent hors de la portée du canon de Gringalet, et quelques minutes après ils avaient repassé la Tchernaïa.

Béchard conduisit le capitaine à l'ambulance en lui demandant la permission d'aller le voir dans trois ou quatre jours, ce qui lui fut gracieusement accordé. Ensuite, il se rendit chez son colonel pour lui faire part du résultat de sa mission.

Béchard, on s'en doute, ne raconta pas au colonel les choses telles qu'elles s'étaient passées ; il sut se donner des louanges. Il avait, dit-il, osé attaquer avec son peu de monde une trentaine de lanciers d'avant-garde. Ceux-ci, ayant cinq hommes hors de combat, avaient pris la fuite de toute la vitesse de leurs chevaux. Il regrettait de n'avoir fait prisonnier qu'un capitaine déjà blessé et d'avoir perdu un homme. Le colonel le félicita et lui dit qu'à la première promotion de chevaliers il ne l'oublierait pas.

Huit jours après, Béchard se rendit à l'ambulance pour visiter le capitaine blessé ; il le trouva debout, le bras en écharpe, joyeux et bien portant : Salut, mon capitaine ; bravo ! vous serez bientôt rétabli complètement.

— Oui, mon brave, j'avais une luxation du poignet qui pouvait devenir dangereuse ; mais vos chirurgiens fort habiles ont su me guérir, sans juger l'amputation nécessaire. Ce n'est pas tout. Comme un bonheur n'arrive jamais seul, je pars après demain; je suis échangé contre un capitaine de voltigeurs français.

— Malgré le plaisir et l'honneur que j'aurais eu de vous voir plus longtemps, mon capitaine, je vous en félicite et vous prie avant votre départ de m'accorder une grâce.

— Oh ! il n'est pas difficile de prévoir ce que vous aller me demander : c'est de ne rien divulguer sur ce qui s'est passé entre mes lanciers et vous. Recevez-en ma promesse de militaire.

— Bien, mon capitaine, je n'en attendais pas moins de votre générosité et vous remercie.

Tandis que les deux militaires se livraient à cette agréable causerie, un dragon vint prévenir Béchard que le colonel le mandait. Le maréchal-des-logis serra cordialement la main que lui tendit le capitaine et prit congé de lui.

Béchard se rendit aussitôt chez le colonel qui lui dit : Mon brave, d'après des renseignements postérieurs aux tiens, tu avais parfaitement jugé la position de la cavalerie russe. Aujourd'hui même, par l'ordre du général en chef, on dresse dans chaque régiment les listes des candidats à la Légion-d'Honneur et ton nom n'a pas été oublié.

— Rayez-le, mon colonel, je n'en suis point digne.

— Allons donc ! mon ancien, c'est trop de modestie.

— Non, vous dis-je, mon colonel. Et il raconta ce que l'on sait.

—C'est fâcheux, reprit le colonel, à cause de ta franchise et de ta loyauté, je ne te punirai pas. Tu répareras, j'espère, cette faute.

— Oui, mon colonel, et je vous remercie de ne point m'infliger une punition méritée, car j'ai à me reprocher la mort d'un de nos soldats ; j'en suis un peu consolé cependant, par l'idée que Dieu, dont les desseins sont impénétrables, a permis tout cela pour me corriger de ma funeste passion pour le vin.

Le capitaine russe, après avoir fait ses adieux à Béchard, était parti au jour fixé, et une quinzaine plus tard, notre maréchal-des-logis recevait la lettre suivante :

« Monsieur et brave camarade.

» J'ai pardonné, ainsi que je vous l'avais promis, à mes lanciers et j'ai même essayé de les traiter à la française. Là-dessus, mes collègues se sont mis à rire à mes dépens et ils n'avaient pas tort. Si j'eusse continué ce régime deux jours encore, il n'y aurait plus eu de discipline dans ma compagnie et mon autorité eût été méprisée. Heureusement, le knout a remis les choses en ordre, ce qui est une preuve à ajouter à tant d'autres, qu'on ne saurait gouverner à Saint-Pétersbourg de la même manière qu'à Paris.

» Tout à vous,

» *Le Capitaine L.* »

TROISIÈME ÉPISODE.

LES CHASSEURS A PIED.

> L'infanterie est l'âme des camps.
> Joac. Ambert.

L'hiver de 1855, en Crimée, joint aux travaux pénibles du siége de Sébastopol, avait été funeste à nos troupes, et nos braves alliés avaient été, dit-on, encore plus cruellement éprouvés par ce froid excessif. Aussi, quand le projet d'une expédition sur le littoral de la mer d'Azof fut définitivement arrêté, et que les régiments qui devaient y prendre part furent désignés, les soldats, toujours amateurs de la nouveauté, accueillirent avec joie cette expédition qui leur faisait espérer un climat plus doux et peut être une nourriture plus fraîche, plus copieuse, pour se remettre de leurs fatigues.

Les troupes expéditionnaires, grâces au courage et à l'habileté de nos officiers de marine, parurent bientôt en vue de Iénikaleh, et le débarquement ne tarda pas à s'opérer. A l'aspect de nos bataillons, les habitants effrayés prirent la fuite, et les soldats russes, qui ne nous attendaient pas sur ce point, étaient trop peu nombreux pour se défendre. Après un simulacre de résistance, ils détruisirent suivant leur constante habitude, les magasins du gouvernement et nous abandonnèrent la ville. Un bataillon de nos chasseurs à pied s'y installa.

Le chef de ce corps, en homme prudent, voulut s'assurer s'il ne restait plus de Russes dans la ville et de la direction qu'ils avaient prise dans leur retraite. Il détacha en éclaireurs une douzaine de chasseurs sous les ordres d'un sergent qui lui inspirait la plus grande confiance. Ce sous officier, gascon pur sang, avait nom Valeureux; il l'était réellement et avait, en maintes occasions, donné des preuves d'intelligence et de capacité. On lui adjoignit, en qualité de trucheman, un Polonais de la légion étrangère.

Valeureux, à un kilomètre de la ville, savait déjà à quoi s'en tenir sur les Russes, qui se trouvaient au moins à deux lieues de distance. Il se disposait à aller rendre compte à son chef de sa mission, quand il remarqua, à trois ou quatre cents pas sur la droite, un vaste bâtiment.

— M'est avis, dit-il à sa petite troupe, qu'il serait bon, avant de rentrer, de visiter cet édifice, qui m'a tout l'air d'une métairie; peut-être y aura-t-il quelque chose à *fricotter*.

Il n'y avait dans cette maison qu'une femme seule qui se montra, à l'entrée des Français, aussi impassible que les sénateurs romains, lors de l'invasion de leur capitale par les Gaulois. Cette femme, âgée d'environ 30 ans, portait un costume simple, mais propre; elle semblait appartenir à la classe de la bourgeoisie. Ses traits, qui n'étaient ni fins ni réguliers, avaient néanmoins quelque chose d'agréable; bref, c'était une de ces figures qui, sans être belles, ont le don de plaire. Valeureux l'ayant fait interroger par le Polonais en reçut cette réponse :

— Mon mari est le sergent-major de la compagnie d'ouvriers toujours attachée au dépôt de notre régiment, destiné à la guerre contre les montagnards caucasiens. Les dépôts de ces régiments restent ordinairement de nombreuses années dans la même garnison ; à notre arrivée, notre dépôt se trouvant ici depuis six semaines seulement, nous avons vendu notre petit patrimoine, dont le prix, joint à quelques économies, nous a permis d'acheter cette ferme qui a prospéré entre nos mains. A votre attaque imprévue, mon mari, obligé de suivre son corps, m'a dit en partant : Ecoute, ma bonne : si j'emmenais notre bétail, les nôtres pourraient s'en saisir. Reste ici sans crainte ; les Français sont trop galants pour ne pas te respecter, ainsi que notre propriété.

— Votre mari a eu raison en partie, lui fit dire Valeureux par l'interprète ; les Français ne passent pas à tort pour galants ; aucun de nous, je le jure, ne vous manquera de respect ; mais nous ne poussons pas la galanterie au point de nous priver des provisions de bouche ou autres que le droit de la guerre autorise en tout pays. L'amour, voyez-vous, gentille dame, languit bien vite quand on n'a point le nécessaire. Ainsi, votre bétail nous appartient ; veuille le ciel que nous ayons la quantité unie à la qualité.

Valeureux compta dans les écuries douze bœufs gros et gras, huit vaches et cinquante moutons de la plus belle espèce. Il fit aussitôt conduire ce bétail sur la route et dit à ses soldats : S'il y a du vin ici, je vais en demander un verre pour chacun de nous, et ensuite en avant ! marche ! sans plus tarder.

Pendant que la fermière était à la cave, le Polonais dit à Valeureux : Ne buvons pas de vin sans que cette femme en ait goûté. Un poète grec de l'antiquité a dit quelque part ; *Timeo Danaos*, ce qui signifie, si vous ne savez pas le grec : Je crains les Danois ; or, les Danois, les Suédois, les Russes, tous ces peuples du Nord ne m'inspirent pas de confiance.

— Et les Polonais ! tu n'en parles pas ?

— Faites excuse, sergent ; les Polonais sont au centre et non au Nord de l'Europe.

— C'est juste ; tu es plus fort en géographie qu'en latin et tu n'es pas, comme je le croyais, un âne en tout.

La fermière ayant apporté le vin, le Polonais l'invita à en boire la première, et l'on vit monter le rouge à la figure de cette femme qui, fixant l'interprète avec des regards d'indignation, lui dit, au grand étonnement des auditeurs, en mauvais, mais intelligible français (1) : Misérable Russe ou Polonais, traître à ton pays, un soupçon d'empoisonnement n'a pu surgir que dans ton cerveau fêlé. Les Français nous estiment trop pour nous comparer à des Espagnols du temps de Napoléon 1er.

Ces paroles étaient à peine prononcées, que Valeureux, pour calmer la fermière, but un verre plein; les autres militaires, y compris le Polonais, suivirent cet exemple. — Vous voyez, madame, dit le sergent, que nous n'avons aucun soupçon d'empoisonnement, pas même notre brave camarade le Polonais, qui a voulu sans doute plaisanter, et n'a pas eu l'in-

---

(1) En Russie, où l'on compte 14 classes de noblesse, un noble même ne se dégrade point en remplissant des fonctions domestiques chez un gentilhomme d'un rang supérieur. La fermière et son mari, tous deux d'une bonne maison, avaient été quelque temps au service d'une noble famille russe où l'on parlait journellement français. Si cette femme ne s'exprima pas d'abord dans notre langue, ce fut par amour-propre, parce qu'elle savait ne pas avoir une prononciation pure.

tention de vous offenser, car les malheurs de la guerre peuvent aigrir le meilleur caractère et le rendre défiant mal à propos.

Nos soldats prirent congé de l'hôtesse et emmenèrent gaîment leur capture. Ils étaient à 700 hectomètres de la ville tout au plus, quand ils reçurent d'un ennemi invisible une décharge de mousqueterie qui blessa légèrement un des leurs.

Notre sergent eut bientôt découvert que cette décharge était l'œuvre d'hommes embusqués derrière le mur d'un jardin situé entre la ferme et la ville. Il s'élança au pas de course avec ses chasseurs, qui escaladèrent vivement le mur et firent à leur tour une décharge qui tua trois Russes et mit les autres en fuite. En trop petit nombre pour poursuivre les fuyards longtemps, ils atteignirent néanmoins un sergent-major et un soldat qui se rendirent prisonniers.

Valeureux pouvant, sans l'aide du Polonais, converser avec le sergent-major qui ne s'exprimait pas trop mal en français, lui demanda combien ils étaient d'hommes embusqués derrière le mur.

— Quarante-sept, répondit le Russe, appartenant tous à la compagnie hors-rang.

— A la compagnie hors-rang! Palsembleu! quelle singulière idée vous avez eue de nous attaquer avec des hommes qui n'ont vu d'autre feu que celui de la cuisine ou de leur lampe!

— C'est vrai, j'aurais dû réfléchir que le fusil est un peu lourd pour des gens accoutumés à manier l'aiguille ou le tranchet. Mes officiers m'avaient d'ailleurs recommandé de me retirer sans en venir aux mains avec vous.

— Ils avaient raison; aussi vais-je prier ces Messieurs de nous prévenir quand nous aurons affaire à de tels hommes; nous tirerons à blanc, et nous n'aurons plus le malheur, comme cela est arrivé aujourd'hui, de tuer de braves ouvriers, peut-être excellents pères de famille.

— J'ai eu tort, mais votre faible nombre, la vue de mon bétail qu'on enlevait m'ont poussé à....

— Ah! vous êtes le mari de la fermière; elle nous avait déjà parlé de vous. Charmé d'avoir fait votre connaissance.

La conversation fut un instant interrompue par un chasseur qui vint dire tout bas à Valeureux que, pendant l'escarmouche, cinq bêtes à laine avaient disparu. Alors celui-ci reprenant la conversation avec le Russe :

— On ne peut nous avoir *volé* cinq moutons; ils se seront évadés sans doute, quand nous étions dans le jardin. Eh bien! donnez-moi votre parole de militaire que vous enverrez à Iénikaleh les cinq béliers qui nous manquent, et vous êtes libre.

— Pas du tout. Je préfère rester prisonnier pour être conduit en France, où l'on est, dit-on, bien traité. Etes-vous marié ?

— Non. Pourquoi ?

— Alors, puisque vous ne l'êtes pas, vous me comprendrez difficilement. Moi, je le suis, par malheur, et je serai bien partout où je ne verrai pas ma femme.

— Diable! vous ne pouvez donc pas vous séparer sans vous expatrier ?

— Non, plus je déteste mon épouse, plus elle a d'amitié pour moi, et je suis forcé de feindre, parce qu'elle a un cousin germain officier au régiment. Pour tout vous dire, je l'avais laissée à la métairie en sacrifiant mon bétail, dans la conviction que vous l'enlèveriez. M'étant tenu aux aguets dans ce jardin et ne voyant pas ma femme au milieu de vous, je suis devenu furieux et vous ai attaqués.

— Ainsi, si nous avions emmené votre

femme, vous n'auriez brûlé aucune amorce?

— Non certes.

— C'est bien. Je vais enlever votre femme. Il y en a de plus laides, et je ne la crois pas méchante.

— Non, elle est même bonne; malheureusement, il y a entre nous incompatibilité d'humeurs.

— C'est entendu. Je vais l'enlever. Rejoignez vos camarades, et n'oubliez pas de nous envoyer les cinq moutons.

— Soyez tranquille, brave Français, vous en recevrez plutôt dix, pour le service signalé que vous me rendez.

Valeureux retourna à la ferme et raconta à la maîtresse ce qui s'était passé :

— Votre mari ne peut plus vous souffrir, lui dit-il.

— Le monstre! s'écria-t-elle; il aime une servante que j'ai renvoyée. Je m'en doutais.

— Vos doutes, Madame, sont probablement mal fondés; il n'y a pas à se désespérer, un mari reconnaît souvent ses torts quand la femme emploie la douceur. Des jours heureux peuvent encore luire pour vous qui m'en paraissez digne.

— Dieu vous entende! Cependant,

avant de rejoindre mon mari, je vous prie d'écrire quelques lignes à mon cousin, le lieutenant Kranof, pour lui raconter cet événement et lui dire que je suis restée honnête femme.

Le sergent s'empressa d'écrire la lettre qui suit :

« Mon lieutenant,

» Placé par mon commandant à la tête d'une douzaine de chasseurs, j'étais sorti de Iénikaleh, non dans l'intention de vous attaquer avec un si petit nombre d'hommes, mais de connaître le lieu de votre retraite. La ferme de votre cousine ayant attiré mon attention, j'y suis entré, et j'ai, en vertu du droit de la guerre, saisi son bétail. J'étais sur le point de rentrer dans la ville, quand j'ai été attaqué par des *pékins* revêtus du costume militaire. Nous eûmes bientôt mis à la raison ces mauvais farceurs qui ne sont pas, je le répète des soldats, parce que les Russes, je leur rends justice, se battent bien. Quand vous aurez de tels hommes à nous opposer, prévenez-nous à l'avance, pour que nous n'ayons pas de meurtres sur la conscience.

» Nous avions fait prisonnier un sergent-major que nous avons relâché. C'est le mari de votre cousine, digne femme qui a eu pour nous les plus grands égards, égards, du reste, qui ont été réciproques. Il était de notre devoir de ne point séparer deux époux qui s'aiment si tendrement.

» Agréez, mon lieutenant, mes sentiments de respect.

» VALEUREUX,
» *sergent aux chasseurs à pied.* »

Valeureux prit congé de la dame et rejoignit au pas gymnastique sa petite troupe qui rentra dans la ville sans autre incident. Elle fut reçue avec d'autant plus de joie, qu'elle ramenait du bétail. Le commandant complimenta le sergent sur les heureux résultats de sa mission et lui promit l'épaulette d'adjudant sous-officier à la première vacance.

Trois semaines s'étaient écoulées et Valeureux avait oublié cette aventure, lorsque un cosaque du Don arriva en parlementaire, porteur d'une lettre pour le sergent de chasseurs à pied Valeureux.

En voici la teneur :

« Monsieur le sergent,

» La lettre que vous m'avez fait l'honneur de m'écrire renferme des choses exactes. Ces ouvriers qui, malgré la supériorité du nombre, ont osé vous attaquer en s'abritant derrière un mur, c'est-à-dire lâchement, ne sont point des soldats ; ils n'ont pas été le moins du monde exercés. Le sergent-major qui les commandait a dû vous dire lui-même qu'il avait reçu l'ordre de battre en retraite sur-le-champ.

» Vous avez omis dans votre lettre certains détails auxquels ma cousine a suppléé, ce qu'elle a bientôt après vivement regretté. Nous avons ici en Russie un bon moyen pour rétablir le bon accord entre une femme et un mari qui n'a pas le bonheur d'être officier. Le lendemain de son arrivée, le sergent-major a reçu dix coups de knout appliqués de main de maître ; on l'a ensuite porté à l'ambulance où on lui a bassiné ses plaies avec du vinaigre. Dans la huitaine, il sera je pense rétabli.

» On a pris pour prétexte de ce châtiment son infraction à la discipline ; mais il sait bien, lui, que, grâces à moi, on aurait passé là-dessus et que les coups de knout lui ont été administrés pour lui ôter toute velléité de se séparer de sa moitié. Les époux, je l'espère, *s'aimeront tendrement* à l'avenir.

» J'ai l'honneur de vous saluer.

» KRANOF, *lieutenant.* »

— Diable! dit en lui même Valeureux, le knout est bon à quelque chose. Si l'on pouvait l'appliquer pour des cas semblables en France et dans d'autres contrées, les querelles entre mari et femme seraient bien moins fréquentes.

Valeureux reçut, quelques mois après, les épaulettes d'adjudant sous-officier qui lui avaient été promises, et dans son nouveau grade, il se montra ce qu'il avait toujours été : un brave et zélé militaire. Il sut même, chose assez difficile dans sa position, s'attirer l'amitié ainsi que le respect des sergents-majors ses subordonnés. Tout lui souriait, et il s'attendait dans peu à mourir au champ d'honneur ou à passer officier, quand on reçut à Iénikaleh la nouvelle officielle du traité de Paris, qui, par là, mit des entraves à l'ambition de beaucoup de nos braves.

Valeureux qui, au point de vue de ses intérêts particuliers, s'obstinait à traiter d'événement fâcheux cette paix, accueillie avec joie par les peuples, n'en continua pas moins son service avec la même ardeur. Ainsi, forcé de se plier aux circonstances, il caressait la douce espérance de revoir bientôt sa patrie et sa famille, quand survint un incident pour l'en distraire.

Quinze jours avant le départ du bataillon pour la France, un chasseur de garde entra, à 9 heures du matin, dans la chambre de l'adjudant pour lui dire qu'un sergent-major russe désirait l'entretenir un instant.

— Eh bien, amène-le-moi, je l'accueillerai de mon mieux, répondit l'adjudant.

Le Russe n'était autre que notre ancienne connaissance, le sergent-major de la compagnie hors-rang, qui, après avoir salué militairement et complimenté Valeureux sur son avancement, ajouta :

— Je pense toutefois que, malgré votre nouveau grade, nous pourrons....

— Compris; parce que je n'ai pas tenu ma promesse.

— Justement. Aussi devez-vous m'en rendre raison.

— Je n'ai jamais rompu d'une semelle, et fussé-je colonel, je vous donnerais satisfaction.

— Je n'en attendais pas moins de vous.

— C'est convenu ; néanmoins, pour être vrai, je dois vous certifier que je fus toujours fidèle à ma parole ; si je ne l'ai pas été à votre égard, c'était dans votre intérêt et à cause de votre position d'homme marié, dans l'espoir que vous vous réconcilieriez plus tard avec votre moitié, qui m'a paru une digne et honnête femme.

— Pst! pst! Je n'en persiste pas moins à me battre avec vous.

— Qui vous dit non ? Je voulais seulement me justifier de mon manque de parole. Cependant, avant d'aller sur le terrain, vous me permettrez bien de vous demander votre nom que je ne sais pas encore.

— Walki.

— Eh bien ! M. Walki, avant de nous battre, je vous invite à déjeûner avec moi et des témoins que je vais chercher.

— Volontiers, répondit le Russe, ne pouvant s'empêcher de sourire, vous autres Français vous êtes des gaillards qui courez à la mort sans rien perdre de votre joyeux caractère. Si l'un de nous part pour l'autre monde, il n'y arrivera pas du moins l'estomac vide. L'idée est bonne; vivent les Français pour en avoir de pareilles !

Un quart d'heure à peine s'était écoulé que Valeureux apparut avec quatre témoins : un adjudant-sous-officier, un sergent-major d'un régiment de ligne français et deux sergents-majors de Highlanders (montagnards écossais).

Comme la pension se trouvait dans le quartier même, le déjeûner fut bientôt servi aux convives qui y firent honneur, tout en s'entretenant des événements du jour. Lorsque le maître de l'établissement eut apporté le café, Valeureux parla de son duel avec le Russe aux sous-officiers, qui s'étaient crus jusque-là invités sans cérémonie à un déjeûner entre camarades.

— Alors, puisqu'il s'agit d'un coup de fourchette d'une autre espèce, dit l'adjudant de la ligne, peut-on savoir les motifs?...

— C'est inutile, répondit Walki, ce duel est arrêté entre nous.

— Oui, oui, c'est parfaitement inutile, ajouta Valeureux.

— Comment ! inutile, répliqua l'adjudant de la ligne, vous vous abusez étrangement ; sans douter de votre courage, nous ne pouvons assister à un duel entre deux braves sans être instruits auparavant des causes qui l'ont amené.

Valeureux fut forcé de raconter l'affaire en peu de mots, et les témoins étaient sur le point de décider si le duel était ou non nécessaire, lorsque le sergent-major russe ajouta :

— Et les coups de knout que j'ai reçus et dont je ne suis pas entièrement guéri, tout cela grâce à ma femme, dont on devait me débarrasser, n'est-ce rien, Messieurs ?

— Oh! oh! des coups de knout, dit Valeureux avec un air de surprise bien joué ; dans ce cas, vous avez un double motif pour m'expédier, et je suis à vos ordres.

— Un instant, dit le sergent-major français, laissez-moi donc savourer mon café et continuons la conversation. Des coups de knout ! s'écria-t-il en jetant un regard malin sur les deux Ecossais; diable ! c'est très-sérieux : j'avais oublié que l'on schlague dur dans l'armée russe.

Oh ! répondit le Russe, c'est la discipline, et il y en a pour les plus haut placés. Si nos généraux ne sont point schlagués, ils ont pour récompense les mines de la Sibérie.

— Very well, dit un des sergents-majors écossais, y en avre pour tout le monde, et conséquentement, pas de jealousy.

Et s'adressant à Valeureux :

— La femme de notre collègue rousse être-t-il encore jeune et beautiful ?

— Oui, certes, camarade, et si yous la voyiez...

— Alors, y avoir moyen de harranger le haffaire ; moi acheter le femme du sergeant-major rousse et payer une grande dînement à vô tous.

Ces paroles excitèrent une hilarité que ne put s'empêcher de partager Walki lui-même.

— Pourquoi rire, vô? reprit l'Ecossais; je demander pas que mon collègue rousse il mette un corde à le cou de son femme à lui et le condouise à le marché; je acheter en particoulier et donner à lui le valeur de son marchandise.

— Peste ! dit Valeureux, il ne manquerait plus que de lui mettre la corde au cou ! Vous avez fait, monsieur l'Ecossais, une mauvaise plaisanterie ; vous n'avez jamais traité, je pense, avec autant de barbarie un sexe qui a droit à tous nos respects.

— Pardon, collègue français, dit l'autre Highlander à Valeureux, dans nos montagnes, des manants dépourvus de toute éducation ont été assez vils pour se livrer, naguère encore, à ce honteux trafic. Aujourd'hui, les temps sont changés; il viendra un jour où les femmes vendues au marché et les mariages de Gretna-Green passeront à l'état de mythe.

— Tant mieux, camarade, car c'était indigne d'un pays civilisé... Maintenant, messieurs, nous avons assez conversé; à notre affaire.

Puis, interpellant le Russe :

— Puisque vous vous croyez offensé, vous avez le choix des armes.

— Mais le choix est tout fait, il me semble, n'avons-nous pas des sabres ?

— C'est vrai; cependant, je dois vous prévenir que je suis maître d'escrime et des premiers, je m'en flatte.

Moi, je ne suis que prévôt, et nous avons vu des prévôts tuer des maîtres !

— Diable! comme vous y allez! vous êtes réellement terrible; vous parlez de tuer un chasseur à pied comme de tordre le cou à une mauviette. Ce n'est pas cela du tout; écoutez : il y a moyen de s'arranger entre nous, sapristi ! Au pistolet! hein! qu'en dites-vous ? Un seul sera chargé et le sort en décidera.

— Non, vous dis-je.

Quel entêté ! réfléchissez donc ; j'ai déjà occis, vous le savez, trois de vos ouvriers et je ne voudrais pas avoir un assassinat de plus sur la conscience.

— Trêve de gasconnades, camarade ; le sabre sera notre arme.

Les sous-officiers sortirent de la ville avec un air jovial qui ne laissait guère soupçonner que deux d'entr'eux allaient se couper la gorge. Ils eurent bientôt découvert un lieu favorable à ce genre de combat, et les deux champions se mirent à l'œuvre.

Après qu'ils eurent croisé le fer assez longtemps sans se toucher, Valeureux qui, en fait d'escrime, était véritablement comme il l'avait dit, de première force, s'aperçut néanmoins que Walki n'était pas tout-à-fait indigne de lui ; mais, malgré son courage, il était gascon et vantard comme beaucoup de ses compatriotes. Aussi, convaincu de sa supériorité, il cherchait à ne point frapper le Russe à mort, seulement à le blesser légèrement, lorsqu'il se sentit le bras égratigné par la pointe du sabre de son adversaire. Il continuait à ferrailler quand les témoins voyant couler le sang arrêtèrent le combat.

— Que faites-vous, corbleu ! exclama

Valeureux ; ce n'est rien ; un chirurgien avec sa lancette m'aurait causé plus de dommage. Continuons, major.

— Assez, dit l'adjudant de la ligne, obéissez ; vous êtes deux braves ; l'honneur est satisfait. En marche ! nous allons nous livrer à un exercice moins dangereux.

L'adjudant de la ligne conduisit ses compagnons à la cantine du régiment, où on leur servit des liqueurs et d'excellents cigares ; ils causaient et plaisantaient à l'envi, quand ils entendirent à une table voisine un sergent de la ligne dire à haute voix :

— Vous ne savez pas la nouvelle : un sergent-major russe vient d'être tué en duel par un adjudant sous-officier des nôtres.

— Et le motif? dirent les assistants.

— L'adjudant avait, quelques mois auparavant, enlevé la femme du Russe qui a, comme vous le voyez, éprouvé deux échecs au lieu d'un.

— Etes-vous sûr de ce que vous avancez, dit Valeureux ?

— Parbleu ! si j'en suis sûr, mon lieutenant, je le tiens de mon collègue Bertrand, qui a vu transporter à l'ambulance le pauvre Russe qui est mort avant d'y être arrivé.

Là-dessus, le sergent sortit à l'enquête d'autres nouvelles.

— Sapristi ! dit Valeureux en se tournant du côté du Russe, c'était la journée aux duels, et je m'estime heureux d'en être quitte à si bon compte.

Nos sous-officiers, sans s'occuper davantage de cet incident, continuaient à se livrer à d'agréables causeries, lorsque le sergent colporteur de nouvelles rentra et dit :

— En voici une autre; il y a à la porte de la caserne une grande femme russe qui fond en larmes, et veut absolument voir son mari mort ou vivant; c'est sans doute la femme du sergent-major tué; cette malheureuse, maintenant que son mari n'est plus se repent de lui avoir été infidèle.

— Quel est à-peu-près l'âge de cette femme, dit Walki ?

— C'est une belle brune d'environ 30 ans et qui possède z'une ferme à quelques pas de la ville.

— C'est probablement ma femme, dit le Russe en courant vers la porte d'entrée.

C'était en effet notre fermière qui, à la vue de son mari, lui sauta au cou et faillit mourir de joie.

— Calme-toi, lui dit celui-ci en la soutenant, entre ; je suis ici avec une ancienne connaissance et d'autres collègues; tu nous conteras un peu comment il se fait que tu m'aies cru mort.

Valeureux, qui avait reconnu la dame, s'était avancé pour la saluer et lui prodiguer les soins que réclamait son état. Quand elle fut entrée dans la salle et entièrement remise, elle s'exprima en ces termes :

— En voyant ce matin mon mari partir pour Ienikaleh, j'éprouvai d'abord de l'inquiétude ; le connaissant assez mauvaise tête, je craignais qu'il n'allât chercher noise à des chasseurs français qui avaient enlevé notre bétail ; s'il en était ainsi, malheur à lui! pensais-je. Les chasseurs français passent dans notre contrée pour être presque aussi terribles que ces satanés zouaves.

— Really! interrompit l'Ecossais qui estropiait notre langue, ces formidables régiments il être le élite de l'armée française ; c'est comme nous highlanders qui sont le boulevart de les troupes anglaises; sans le résistance et le courage de nô, y avoir plus un soldate anglais vivante.

— Pas tant de jactance, camarade, dit

Valeureux; chaque militaire, il est vrai, par esprit de corps, regarde comme le plus brave le régiment auquel il appartient ; mais, c'est un amour-propre mal placé qui amène parfois des collisions sanglantes. Tous les régiments bien commandés font également leur devoir.

Et s'adressant à la dame : — Veuillez nous excuser de cette interruption, et s'il vous plaît, continuez votre récit.

— J'étais donc absorbée par ces tristes réflexions, reprit la dame, lorsque environ deux heures après, le bruit courut dans Ienikaleh et parvint à mes oreilles qu'un sergent-major russe avait été tué en duel par un sous-officier français. Éperdue, je cours jusqu'à la ville et me présente au commandant de place pour obtenir des renseignements, espérant encore, grâce à la paix conclue, que plusieurs de nos sous-officiers avaient pu se rendre à Ienikaleh et que l'infortunée victime n'était pas mon mari. Le brave commandant m'accueillit avec tous les égards dus à mon sexe, et fit tout pour me consoler : « Il n'y a pas eu, me dit-il, du moins à ma connaissance, de sergent-major russe tué en duel; il n'y a pas eu, je crois, même de combat singulier. Défiez-vous, madame, des faux bruits qui circulent dans de petites et quelquefois dans de grandes villes. Il ne nous est venu ce matin qu'un sergent-major russe paraissant avoir les intentions les plus pacifiques ; si je suis bien instruit, il allait rendre visite à une ancienne connaissance, l'adjudant des chasseurs à pied Valeureux. »

Ah ! M. Valeureux, m'écriai-je, bon Dieu ! Ils se seront battus, et mon mari est mort. Je m'évanouis, et le commandant me ranima en me plaçant sous les narines un flacon d'ammoniaque liquide.

Quand j'eus repris mes sens, l'officier me dit : « Soyez donc plus raisonnable, madame, rien n'est désespéré, reposez-vous; je vais ordonner des recherches. »

Non, Monsieur, répliquai-je, je cours moi-même à la caserne de M. Valeureux. Et je m'élançai hors de l'appartement du commandant.

Arrivée à la caserne des chasseurs, j'apprends que M. Valeureux était sorti depuis longtemps avec un sergent-major russe et d'autres sous-officiers; on ne les avait pas revus. N'étant pas plus avancée qu'auparavant, je demandai à une marchande de fruits si elle n'avait point vu un de nos sergents-majors en compagnie de plusieurs Français et quelle direction ils avaient prise.

« Oui, bonne dame, répondit-elle, j'ai vu, il y a 3 ou 4 heures, passer un sergent-major russe avec plusieurs Français et deux grands escogriffes en jupons bariolés; ces deux derniers surtout avaient une mine passablement rébarbative. De quel côté ils se sont dirigés, je l'ignore.

Forcée de continuer mes recherches, et n'entendant parler dans les rues que du tragique événement, je suis arrivée à cette caserne, où tout maintenant est éclairci.

— C'est bien, dit le mari; tu es une brave femme et je suis fâché de t'avoir causé tant de chagrin. J'étais en effet venu pour me battre avec M. Valeureux, et nous avons croisé le fer.

— Fi donc! dit notre gascon, ce n'était pas un combat; j'ai reçu seulement une piqûre d'épingle. Notre commandant de place avait raison de dire qu'il n'y a pas eu de duel. Le bavard, le menteur est ce maudit sergent qui a propagé ces faux bruits; il a fort bien fait de déguerpir; si jamais je le rencontre, je lui dirai deux mots. Enfin, ne parlons plus de cette affaire qui vous a tant attristée, madame. Je n'en veux plus aux témoins d'avoir mis fin à notre simulacre de duel, et votre mari sera un de mes meilleurs amis, à une condition.

— Laquelle, camarade ?

— Celle d'aimer comme elle en est digne, une honnête femme dont la douleur sur votre prétendue perte n'était point simulée.

— Soyez content, mon cher camarade; l'intérêt que ma femme m'a témoigné en cette circonstance a plus d'empire pour lui gagner ma tendresse qu'un millier de coups de bâton administrés par l'ordre d'un cousin lieutenant.

— A la bonne heure! Morbleu! voilà mes souhaits accomplis, et vous n'en serez pas plus malheureux. Mes collègues et moi irons vous voir, avant de nous embarquer, si nous en avons le temps.

— Oui, oui, n'y manquez pas, messieurs, s'écria la dame; vous serez accueillis comme des frères.

— Mais, comme nous pouvons partir au premier jour, ajouta Valeureux, si je n'avais pas le bonheur de vous revoir, je vous dis adieu, et si jamais vous visitiez notre beau pays de France, rappelez-vous la maison Valeureux père et fils, négociants quincailliers, grand'rue, à Auch (Gers).

Nos personnages prirent ensuite congé les uns des autres, et l'Ecossais amateur du beau sexe dit en lui-même : Valeureux a fait une bonne action; mais c'est égal, j'aurais volontiers acheté cette femme qui n'est véritablement pas mal. Je m'en serais peut-être repenti plus tard, l'homme ayant souvent le bonheur sous la main et désirant ce qu'il ne possède pas.

QUATRIÈME ÉPISODE.

LA LÉGION ÉTRANGÈRE.

Les hommes destinés à vivre en communauté, les régiments, par exemple, offrent entr'eux une certaine ressemblance qui frappe un observateur tant soit peu attentif. Cette ressemblance, assurément, ne peut s'appliquer à la figure, à la taille, aux formes physiques en général; elle provient des airs, des manières, en un mot, de la *désinvolture*. Les recrues sont portées par la force de l'imitation à copier insensiblement et sans s'en apercevoir les faits et gestes des vieux troupiers. Quand il n'y a plus ce qu'on appelle des *jean-jeans* ou des *pierrots*, on remarque une similitude de corps qui varie d'un régiment à l'autre. Mais, malgré ces physionomies diverses, un observateur judicieux pourrait souvent nous dire, sans avoir vu le numéro du régiment, à quel corps appartiennent des soldats isolés ou en promenade, dans une ville occupée, depuis cinq ou six mois, par plusieurs régiments d'une arme identique et dont l'uniforme est absolument le même.

Chaque régiment, grâces aux traditions de corps et aux anciens soldats, offre tellement des rapports de physionomie particulière et de ressemblance que notre légion étrangère ne fait pas exception. Composée d'éléments hétérogènes, d'Allemands, de Polonais, d'Italiens, de Maltais, d'Espagnols, de Portugais, etc., d'hommes, enfin, de mœurs, de religions et de langues opposées, cette légion devrait former une espèce de tour de Babel et, en dépit de la discipline, un réceptacle de querelles et de luttes quotidiennes. En effet, qui pourrait connaître les antécédents de ces hommes venus de tous les coins du globe ? La plupart sont enrôlés sous des noms d'emprunt, et parmi ces gens qui ont dû s'expatrier pour des fautes ou des crimes de jeunesse, il y a des artistes musiciens, peintres, graveurs, etc. Aussi, un officier qui a besoin d'un artisan est-il sûr de le rencontrer dans la légion étrangère, quelque soit le genre de travail à exécuter, On y trouverait même des faussaires capables de fabriquer des passeports et des certificats qui pourraient mettre en défaut le plus rusé des commissaires de police. Eh bien! malgré tant d'éléments disparates, la discipline et l'accord règnent dans la légion étrangère comme dans les autres régiments et, chose étonnante, ces soldats, par le contact journalier, se comprennent par signes de même que s'ils parlaient la même langue. Faisant bravement leur devoir au feu, les Prussiens et les Polonais surtout, ils se distinguent des autres corps par leurs dérèglements hors du service; ils sont, par excellence, maraudeurs, pillards et ivrognes. Après s'être adonnés à ces vices, ils manquent de respect à leurs officiers pour s'attirer une punition légère, afin d'échapper au châtiment de fautes beaucoup plus graves.

Les deux régiments de légion étrangère ont rendu d'éclatants services pendant la guerre de Crimée. Dès le commencement du siége de Sébastopol, placés à l'avant-garde, il ont eu à repousser maintes sorties ou attaques nocturnes des Russes. Le premier régiment de l'arme a même poussé le courage jusqu'à la témérité. Un jour, cinquante voltigeurs, entraînés par l'ardeur du combat, se trouvèrent, en poursuivant les Russes, aux portes de la ville assiégée ; là, écrasés par le nombre, ils furent en grande partie obligés de se rendre prisonniers et avec eux une jeune femme du nom de Mariquita. C'était une Espagnole qui, à Constantine, était entrée au régiment en qualité de cantinière. Elle était connue de toute l'armée d'Afrique sous le nom de la belle Andalouse. Mariquita, d'une intrépidité au-dessus de son sexe, accompagnait ordinairement nos soldats à la tranchée et avait assisté à plusieurs escarmouches. Elle n'y était point poussée par l'intérêt, moins encore par un sentiment plus tendre. Ce n'est point qu'elle manquât de soupirants ; mais nul ne pouvait se flatter d'avoir obtenu la préférence ; aussi par sa conduite sage et prudente, la jeune Espagnole s'était-elle concilié l'affection universelle.

Mariquita n'était pas seulement sage et belle ; elle était, ce qui vaut mieux, d'une bonté excessive ; elle ne refusait point un ou plusieurs verres de liqueur au soldat dont, militairement parlant, l'argent manquait à l'appel; elle était même d'une rare complaisance à l'égard des débiteurs retardataires.

A peine les quelques voltigeurs échappés aux Russes furent-ils de retour au camp, que leurs camarades, à la nouvelle de la captivité de Mariquita, en éprouvèrent un chagrin aussi profond que s'il se fût agi de la perte de leur colonel. Ils jurèrent de ne laisser ni paix ni trêve aux Moscovites tant que Mariquita ne leur serait pas rendue. Les plus exaspérés furent ceux qui avaient le plus d'intérêt à une longue détention de la cantinière, c'est-à-dire les débiteurs, et nous ne pourrions citer une meilleure preuve de l'intérêt porté à Mariquita.

La première rencontre de la légion étrangère avec les Russes fut, comme on pouvait s'y attendre, très-vive. Les nôtres poursuivirent l'ennemi l'épée dans les reins et entrèrent même dans quelques maisons d'un faubourg de Sébastopol. Dans une d'elles, ils firent prisonnière une femme qui s'apprêtait à aller rejoindre seule sur la route de Symphéropol sa famille, partie depuis deux ou trois heures environ. Elle avait retardé son départ, parce quelle tenait à un magnifique piano d'Erard et à plusieurs objets de toilette dont elle croyait ne pouvoir se passer. Cette femme, âgée d'une cinquantaine d'années, avait dû être dans sa jeunesse une fort jolie personne.

Nos soldats ne jugèrent pas à propos de s'avancer plus loin, dans la crainte d'être comme précédemmeut écrasés par le nombre. Ils se décidèrent à battre en retraite et à emmener leur captive, qui, par son air, ses manières, et par une connaissance parfaite de notre langue, annonçait une femme appartenant à une haute classe de la société. Ils lui témoignèrent les plus grands égards et se livrèrent au doux espoir que Mariquita leur serait rendue en échange.

On conduisit la prisonnière au général qui lui prodigua des consolations et lui fit espérer sa prochaine mise en liberté. Ce n'est point notre habitude, dit-il, de nous emparer des femmes ou des enfants de nos ennemis; mais les vôtres ayant depuis huit jours en leur pouvoir une cantinière chérie de mes soldats, ceux-ci ont usé de représailles et vous ont emmenée dans l'espoir de vous échanger contr'elle.

—Et vous voudriez, général, m'échanger, moi la duchesse de Cornizof, contre une cantinière!

— Pourquoi non? Que vous importe, si vous obtenez par là votre liberté?

— Je serais déshonorée, et je préfère, vous le comprenez, rester prisonnière toute ma vie.

— Alors, madame la duchesse, contre qui pourrions-nous vous échanger?

Contre un duc, un marquis ou un général.

— Comme nous n'avons aucun duc ou marquis, moins encore de général prisonnier des Russes, et que je ne veux pas vous *déshonorer*, madame, je vous rends votre liberté sans condition et vais vous donner un sauf-conduit pour rejoindre les vôtres.

Des grenadiers de la légion, en apprenant que la duchesse avait été rendue à la liberté, s'attendaient à revoir bientôt Mariquita, ne doutant point que la prisonnière moscovite, femme de haut rang, ne se fût engagée à obtenir des siens le renvoi de la cantinière. Ils parlaient déjà d'une fête pour célébrer son retour quand leur lieutenant, qui avait assisté à l'entrevue du général et de la duchesse, arriva auprès d'eux. Des questions lui furent adressées de plusieurs côtés à la fois et au milieu de ce bruit confus de voix, il n'y eut d'abord pas moyen de s'entendre. Enfin, l'officier ayant obtenu à grand'-peine le silence, leur raconta ce qui avait eu lieu. — Foyez-fous, s'écria un sergent prussien, cette vieille michaurée! C'était lui faire beaucoup d'honnére de fouloir l'échanger contre un choli fille. A la blace du chénéral, pour la punir de son orcueil, che ne l'aurais pas renfoyée, moi.

— Le général le devait, ajouta le lieutenant, car il faut se conformer aux usages du pays que l'on habite et en Russie la noblesse a des priviléges; mais ne perdez point patience, nous ne négligerons rien pour que Mariquita soit bientôt parmi vous.

Cependant les démarches tentées pour découvrir le sort de la belle Andalouse n'avaient amené aucun résultat satisfaisant. Le régiment était toujours inquiet et principalement un sergent-major belge qui passait pour aimer en secret la cantinière. Ce sous-officier, âgé de 28 à 30 ans, était un assez joli homme aux cheveux blonds, et s'appelait Prunel, nom que l'on supposait ne pas être le sien. Le bruit courait même dans la légion que Prunel était un ancien capitaine trésorier au service du roi Léopold et qu'il avait déserté après avoir laissé dans sa caisse un déficit de soixante mille francs, c'est-à-dire après avoir mangé la *grenouille*. Quoi qu'il en soit, Prunel n'en était pas moins considéré comme le sergent-major le plus instruit de son corps, il connaissait parfaitement le français, l'anglais, l'allemand et passablement le russe. Entré simple soldat au régiment, il y avait tout au plus deux ans, il se trouvait depuis six mois sergent-major et pouvait espérer sous peu l'épaulette ; c'était, selon toute probabilité, le moment fortuné qu'il attendait pour offrir à la brune Espagnole son cœur et sa main. Mais, comme nous l'avons vu, l'homme avait proposé et Dieu disposé. Aussi, Prunel, depuis l'évanouissement d'une partie de ses espérances, était devenu sombre et taciturne ; paraissant fuir ses camarades, il cherchait un coin solitaire pour se livrer à de tristes réflexions. Néanmoins, quelques précautions qu'un homme affligé prenne, pour se dérober aux yeux et pleurer en silence, il est de ces gens importuns qui ne sauraient vous laisser en repos. Le sergent prussien dont nous avons parlé plus haut, était du nombre, et il vint un jour troubler Prunel, au moment où celui-ci désirait plus que jamais rester seul : Bourquoi, major, fifez-vous toujours en hermite ? Fous cagnerez le spleen et c'est pon pour un Anglais.

— Laissez-moi tranquille, sergent.

— Non, che feux essayer de fous distraire ; c'est le remède aux chacrins d'amour.

— Vous êtes-donc aussi simple que les autres, de me croire amoureux, comme si l'on ne pouvait avoir d'autre souci que celui-là ?

— Tame ! che l'afais cru et ch'attribuais à Mariquita...

— Encore Mariquita ! sa captivité m'afflige autant que vous ; mais, quant à aimer cette fille d'amour, soyez sûr que...

— En ce cas, major, ce que ch'afais à vous tire est inudile, au revoir!

— Un moment donc ! allons ! parlez.

— Ch'afais sà vous tonner des noufelles de la brisonnière et buisque fous n'y tenez pas, je...

— Parlez donc, vous dis-je. Sans être amoureux d'une personne, on s'intéresse toujours à son sort quand elle en est digne.

— Le chef de bataillon russe qui l'a

faite prisonnière l'a gonduite à Ienikaleh, petit port de mer dont il fient d'être nommé gommandant ou gouvernére. Elle est chez lui en qualité de cuissinière.

— En êtes-vous sûr ? Comment le savez-vous ?

— De quatre téserters; vous pourrez les interrocher fous-même. A leur air de franchise et au signalement qu'ils sont tonné de votre gantinière, on reconnaît qu'ils sont tit frai.

Prunel, après s'être assuré que le sergent prussien ne lui avait point débité un mensonge, ne songea plus qu'à aller rejoindre Mariquita. Une fois chez les Russes, il dirait avoir à communiquer au commandant de Iénikaleh seul des renseignements de la plus haute importance et il serait immanquablement conduit vers cet officier supérieur. Arrivé dans cette ville, il verrait son adorée qui, touchée d'une si grande preuve d'amour, lui accorderait sans difficulté sa main.

Plein de ces projets, il s'occupa des moyens de les mettre à exécution, et la désertion fut le premier qui s'offrit à son esprit; mais il l'eut bientôt rejeté. Ce n'est pas qu'il regardât la désertion comme un crime, car pour lui, déserter une seconde fois eût été une vétille; il y avait renoncé parce qu'il n'ignorait pas que, pour ce fait, il s'attirerait le mépris des Russes même ; d'un autre côté, la désertion pouvait entraîner après soi des dangers et des suites qu'il craignait d'affronter.

Tandis que Prunel ne savait à quel parti s'arrêter, le hasard, souvent plus fort que toutes les combinaisons humaines, vint à son aide. Placé, un soir, à la tête d'une douzaine d'hommes détachés en tirailleurs, ce sergent-major fut, avec sa petite troupe, surpris et cerné par une compagnie de grenadiers russes qui l'emmenèrent prisonnier.

Conduit à Sébastopol, Prunel écrivit immédiatement au baron d'Osten-Sacken pour solliciter une entrevue. Deux jours après, il n'avait pas encore reçu de réponse et il devait, dans quelques heures, partir pour la Bessarabie avec un convoi de nos malheureux compatriotes. Il commençait à désespérer quand un aide-de-camp vint le chercher pour le présenter au baron. Celui-ci traita avec les plus grands égards un prisonnier qui promettait de fournir aux Russes les plus précieux renseignements; il chercha par des cajoleries et des offres brillantes à lui arracher ses prétendus secrets. Tentatives inutiles! Le commandant de Iénikaleh seul devait en être instruit, et le baron d'Osten-Sacken fut à contre-cœur obligé de donner l'ordre de diriger Prunel sur Iénikaleh.

Arrivé dans cette ville, le prisonnier fut immédiatement conduit chez le commandant, qui déjà était prévenu qu'un sergent-major de la légion étrangère avait d'importantes révélations à lui faire. Aussi, notre aventurier ne put, malgré son audace, dissimuler son embarras en présence du chef de bataillon, et il se mit à balbutier des phrases presque inintelligibles. L'officier, impatienté, lui dit : Voyons, parle donc! et surtout pas de mensonge, car tu subirais un châtiment rigoureux.

— Il m'est facile de ne point mentir, mon commandant; je n'ai rien à vous révéler.

— Rien! Tu as changé d'avis, apparemment? eh bien! je vais te délier la langue à coups de knout qui cesseront quand tu seras plus docile.

— Vous me feriez périr sous le bâton, mon commandant, que, foi de brave militaire, je ne pourrais vous dire ce que je ne sais pas, à moins de vous narrer des contes, ce qui ne serait pas certes votre affaire.

— Alors, morbleu! qu'et-ce qui t'a poussé à choisir cette ville pour séjour de ta captivité ?

— J'ai entendu plusieurs fois vanter vos nobles qualités par des prisonniers russes, et j'ai pensé que vous m'accepteriez pour secrétaire, car j'ai en langues française, allemande et anglaise, de faibles connaissances qui ne sont pas à dédaigner.

— Tu es bien savant pour un sous-officier ?

— Mettez-moi à l'épreuve, mon commandant ; vous verrez que je suis, sans me flatter, un *homme de ressources*.

— C'est bien, j'accepte.

Prunel, installé dans l'hôtel du commandant de place, y jouit d'un confortable qu'aurait envié un général de l'armée française. Dès le lendemain, il eut une entrevue avec Mariquita à qui il raconta l'incident de sa captivité et la ruse qu'il avait employée pour se rapprocher d'elle. L'Espagnole qui n'avait jamais éprouvé plus d'amour pour Prunel que pour tout autre sous-officier, se montra sensible à cette marque de tendresse, d'autant plus que le Belge partageait son malheur et que seul il pouvait la consoler sur la terre étrangère.

Cette entrevue ne fut pas la dernière. Prunel et Mariquita continuèrent à se parler en secret, en prenant surtout garde que le commandant s'en aperçût. Au bout de quinze jours, nos deux amoureux avaient juré d'appartenir l'un à l'autre, aussitôt leur mise en liberté.

Prunel remplissait depuis deux mois ses fonctions de secrétaire à la satisfaction du commandant, et il n'avait pas encore eu l'occasion de se montrer ce qu'il appelait un homme de ressources, quand se présenta pour lui ce moment si désiré : un bâtiment chargé d'eau-de-vie de Languedoc et parti de Cette à destination de Balaklava pour l'armée anglaise, avait été jeté par la tempête sur les côtes de Ienikaleh et capturé par les Russes. Le capitaine et son équipage avaient été sauvés, mais faits prisonniers. Le commandant annonça lui-même cette prise à Prunel qui lui dit : Me permettez-vous, mon commandant, de vous donner un bon conseil ?

— Parle, les bons conseils ont leur valeur.

— Eh bien ! au lieu de laisser cette cargaison au gouvernement qui est plus riche que vous, à votre place, je m'en emparerais.

— Et si l'on venait à le savoir ?

— Allons donc ! Nous ne sommes ni en Angleterre ni en Belgique où une foule de journalistes, d'écrivains blâment les actes du gouvernement, divulguent non-seulement les événements du jour, mais encore ceux qui n'ont jamais eu lieu. Ici il est bien plus facile de gouverner et vous pouvez user de vos droits sans contrôle.

— C'est vrai ; mais que ferai-je de tant d'eau-de-vie ?

— Parbleu ! vous la vendrez.

— Moi, marchand d'eau-de-vie ! La farce serait plaisante.

— Laissez donc ! Cette eau-de-vie sera bientôt vendue et au prix que vous exigerez.

— De quelle manière ?

— Comme quelques cas de choléra se sont déjà déclarés, annoncez que l'eau-de-vie de France est un excellent préservatif ; forcez par une proclamation tous les épiciers et les débitants de liqueurs de s'en procurer au moins un hectolitre. Cette eau-de-vie, je vous le répète, sera bientôt vendue ; elle ne causera ni bien ni mal aux personnes qui en useront, car il n'y a aucun remède connu contre le choléra.

— Soit; je suivrai ton avis.

Le lendemain on lisait placardée sur les murs de Ienikaleh la proclamation suivante :

Habitants de Ienikaleh,

Quelques cas de choléra se sont déclarés dans cette ville ; mais ne vous alarmez point; votre gouverneur veille. Nos braves soldats viennent d'enlever à l'ennemi un bâtiment chargé de la meilleure eau-de-vie de France, qui est un remède souverain contre l'épidémie. En conséquence, nous ordonnons à tous les épiciers et débitants de liqueurs de s'en procurer au moins un hectolitre. Des visites domiciliaires auront lieu pour s'assurer de l'exécution de mes ordres.

Le commandant de place,

Vicomte Lebski, (1).

Comme Prunel l'avait prévu, l'eau-de-vie fut promptement enlevée, et le commandant satisfait de son secrétaire, lui accorda une gratification de quinze cents francs.

---

(1) Le commandant de place était l'officier le plus élevé en grade de la garnison.

Les peuples du Nord ne passent pas à tort pour amateurs des liqueurs fortes; en effet, le jour suivant on put s'apercevoir que soldats et bourgeois avaient largement usé du remède prescrit par un commandant qui, à son titre de marchand d'eau-de-vie, avait ajouté celui de docteur en médecine. On remarquait ivres dans les rues une quantité d'hommes et jusques à des femmes et des enfants. M. Lebski sentit sa faute et s'exhala en reproches contre Prunel : As-tu vu, traître, les effets de ton perfide conseil ?

— Oui, mon commandant, et je m'y attendais.

— Et tu oses le dire, effronté coquin ?

— Pourquoi non ? Ne suis-je pas encore une fois un homme de ressources ?

— Ah ! voyons.

— Vous êtes toujours le maître d'agir comme bon vous semble et vivent les gouvernements où les fonctionnaires ont les coudées franches ! Vous en serez donc quitte pour publier une seconde proclamation qui prohibera, sous les peines les plus sévères, cette liqueur dont on a fait un abus immodéré. Vous la rachèterez à vil prix par l'intermédiaire d'agents subalternes du gouvernement, à qui vous donnerez une bribe en vous réservant la part du lion.

— C'est bien. Je t'ai compris.

Huit heures s'étaient à peine écoulées depuis cette honnête conversation, qu'on pouvait lire une seconde proclamation ainsi conçue :

Habitants de Ienikaleh !

J'avais cru, dans l'intérêt de la santé publique, devoir autoriser l'usage de l'eau-de-vie de France ; mais d'après l'usage immodéré qu'on en a fait et les désordres graves qui en ont été la suite, je me vois à regret forcé d'interdire cette boisson devenue funeste. En conséquence, tout épicier ou débitant de liquides qui se permettrait encore de vendre un tel poison, serait condamné aux galères à perpétuité. Des visites domiciliaires auront lieu pour qu'aucun délinquant n'échappe au glaive de la loi.

Les eaux-de-vie devraient être répandues sur la voie publique ; mais pour ne pas occasionner aux marchands une perte trop considérable, je consens à les racheter à bas prix pour le compte du gouvernement qui les vendra à l'étranger.

Le commandant de place,
Vicomte Lebski.

Dans l'espace de vingt-quatre heures, le commandant se trouva de nouveau en possession de l'eau-de-vie qu'il avait rachetée à volonté. Il récompensa, par une somme de trois mille francs, le second service de son secrétaire, en lui disant : Comment pourrai-je me défaire de cette quantité d'eau-de-vie ?

— Soyez tranquille ; j'ai pourvu à tout, mon commandant, et j'ai à vous donner un troisième conseil qui surpasse les deux premiers.

— Quel homme précieux !

— Oui, je m'en flatte. J'ai vu le capitaine du navire capturé ; j'ai gagné sa confiance et il a jasé avec moi. Il n'est pas dépourvu de bonnes qualités ; il en possède, entr'autres, une justement appréciée, celle d'avoir en mains des billets de banque qu'il a su dérober à la vigilance et à la rapacité de vos soldats......

— Eh bien ! après.

— Attendez donc, je vous prie : Je lui ai fait, en votre nom, des propositions qu'il a acceptées ; les voici : Vous lui rendrez la liberté et son navire ; il vous paiera les eaux-de-vie au-dessus de la valeur et se rattrappera sur ces satanés Anglais qui, avec leurs poches pleines de guinées, meurent de faim et de soif.

— Tu es vraiment un homme de ressources; si tu étais officier ou gentilhomme, je t'embrasserais volontiers; mais, comme tu n'es ni l'un ni l'autre, je t'accorderai, si nous réussissons, une récompense qui flattera mieux tes goûts, c'est-à-dire le double des sommes que tu as déjà reçues.

— En effet, malgré mon respect pour votre personne, je préfère cette récompense à l'autre.

Le marché se conclut tel que Prunel l'avait arrangé. Le capitaine du bâtiment de commerce ne crut pas avoir acheté trop cher sa liberté en payant un prix double son ancienne cargaison. Il mit à la voile aux cris joyeux de son équipage et arriva sans autres incidents au port de Balaklava où les Anglais s'arrachèrent les tonnes d'eau-de-vie, en donnant leur argent en véritables gentlemen.

Prunel, pendant ces honteux trafics, s'était entretenu rarement avec Mariquita qui commençait à s'en inquiéter. Les femmes sont en général soupçonneuses et jalouses, et Mariquita n'était pas seulement femme sous ce rapport; elle était aussi Espagnole. Se voyant de plus en plus négligée, elle se douta qu'elle était sacrifiée à une rivale et résolut d'épier les démarches de son futur. Elle acquit bientôt la certitude que Prunel fréquentait assidûment la maison d'un marchand de pelleteries. Elle apprit ensuite qu'une jolie fille de dix-huit ans et pourvue d'une bonne dot, n'était pas étrangère aux visites réitérées de son infidèle. Ces renseignements étaient de la plus parfaite exactitude. Notre aventurier se croyant trop riche des dons du commandant ne pouvait plus aspirer à la main d'une pauvre cantinière. Il avait demandé en mariage la jeune fille du négociant qui lui avait été promise.

Mariquita fixée sur son sort ne se livra pas longtemps à un chagrin auquel l'orgueil blessé avait plus de part que l'amour; car, selon toute probabilité, son cœur n'avait pas encore parlé. Dans l'attente de cet instant qui presque toujours arrive tôt ou tard, elle pouvait recevoir les consolations d'un jeune lieutenant russe, neveu du gouverneur. Cet officier, doué de la physionomie la plus agréable et galant comme un Français, était depuis un mois l'hôte de son oncle. Dès le premier jour, il avait été frappé de la beauté de Mariquita qui, à l'instar de toutes les femmes, s'était aperçue de cet amour avant qu'on le lui eût déclaré.

Un soir que le lieutenant et Mariquita s'entretenaient seuls sur une terrasse, Prunel vint se mêler à la conversation et l'officier par politesse crut devoir se retirer pour laisser nos deux compatriotes causer librement entr'eux. Prunel, bien que ses relations avec la cantinière n'eussent jamais cessé d'êtres pures, craignait des scènes de reproche et de colère, il ne savait comment rompre d'une manière honnête son engagement, quand Mariquita elle-même le sortit d'embarras : je vous imitais tout-à-l'heure, lui dit-elle, le lieutenant et moi parlions d'amour, comme vous avec la fille du pelletier.

— Quoi! vous savez....

— Je sais qu'un homme qui a trahi sa patrie ne pouvait être fidèle à sa prétendue. Ainsi emportez mon mépris au lieu de mes regrets.

— Oh! oh! des injures, ma toute belle! je n'y suis pas habitué. Adieu! soyez heureuse avec votre officier.

Prunel n'ayant plus rien à craindre du côté de Mariquita, n'en pressa que plus vivement son mariage, et après cinq ou six autres visites chez le négociant, il le pria de hâter son bonheur.

Enfin, ce jour désiré parut. Prunel se rendait fièrement à l'église avec sa belle fiancée en se livrant aux plus brillants rêves d'avenir ; mais il avait compté sans les cognards (1). Sur le point d'entrer dans le temple, il fut saisi par deux militaires de cette arme et conduit dans une prison où son commandant se trouvait déjà depuis une heure.

La conduite infâme de ces deux hommes était parvenue aux oreilles du lieutenant général commandant la province, et en Russie, pas plus qu'ailleurs, on ne tolère de la part des fonctionnaires publics les vols et les dilapidations. Un conseil de guerre s'assembla et le procès ne traîna pas en longueur. Le commandant fut condamné à mort et l'*homme de ressources* aux galères à perpétuité. On confisqua également leurs biens.

Cependant l'empereur Alexandre II, en considération des bons services antérieurs du vicomte Lebski, commua la peine de mort en une détention de quinze années ; il usa pareillement de clé-

---

(1) C'est le surnom que dans les régiments on donne aux gendarmes.

mence à l'égard de Prunel en réduisant la peine à huit ans.

Trois mois après les événements que nous venons de raconter, les alliés étaient en vue de Ienikaleh et les Russes se préparaient à abandonner la ville. Le jeune officier neveu du commandant tenta d'engager la belle Mariquita à le suivre. Ne pouvant l'y décider et ne voulant pas la contraindre, il lui proposa de l'épouser immédiatement. Elle refusa, en lui disant : Monsieur, vous croyez peut-être m'aimer, et cela fût-il, notre mariage serait trop disproportionné ; vous ne tarderiez pas à vous en repentir.

— Pourquoi donc, ange adoré ! je n'ai aimé et n'aimerai que vous ; je suis assez riche pour deux, acceptez, je vous en conjure.

— Non, lieutenant, vous feriez un trop grand sacrifice.

— Alors, recevez mes adieux, fille cruelle, et si jamais vous avez besoin de mes services, rappelez-vous le lieutenant de Tulof des dragons d'Astrakan.

Le lendemain de l'entrée des Français dans Ienikaleh, Mariquita s'embarqua sur un bateau à vapeur pour Sébastopol où elle arriva après une heureuse navigation. Son régiment l'accueillit avec des honneurs qu'un officier-général eût enviés et elle reprit son service.

Mariquita dans ses fonctions était toujours la bonne et complaisante cantinière; mais ce n'était plus la rieuse et folâtre jeune fille; un air de sombre tristesse était empreint sur ses traits et les soldats l'attribuaient à la condamnation de Prunel qu'ils supposaient aimé.

Mariquita éprouvait en effet des peines de cœur augmentées par l'absence de l'objet chéri. L'image du lieutenant de Tulof lui était toujours présente, et elle s'était aperçue de cet amour quand il n'y avait plus moyen de le satisfaire. Oh! combien elle regrettait de ne pas avoir accepté la main de cet officier!

La paix était faite et le 1er régiment de la légion étrangère, sur le point de rentrer en Afrique. Le temps qui, à la longue, adoucit tout, n'avait point calmé les souffrances de Mariquita; il lui fallait partir en laissant son cœur sur une terre étrangère. Heureusement la Providence ne le permit point. De Tulof, dangereusement blessé par les traits de Cupidon, avait éprouvé les mêmes tourments que Mariquita, et tremblant à l'idée d'une séparation éternelle, il s'était rendu à Sébastopol pour tenter un dernier effort.

De Tulof fut, comme on pense, accueilli avec une joie inespérée, et le mariage ne tarda pas à se célébrer. Après la cérémonie nuptiale eut lieu un grand repas auquel assistèrent les officiers de la légion et quelques autres de divers corps. Des toasts y furent portés aux époux et aux souverains qui avaient rendu la paix à l'Europe.

Au moment qu'on se livrait à la joie dans un festin de noces, un forçat qui avait tenté de s'évader à Nicolaïeff, tombait sous la balle d'un factionnaire. Ce malheureux n'était autre que Prunel, l'ex-sergent major de la légion étrangère.

CINQUIÈME EPISODE.

LES ZOUAVES.

— Non, mon cher Dulord, les Russes ne seront jamais aussi polis que nous autres Français. Nos officiers, qui depuis la dénonciation de l'armistice ont eu plusieurs entrevues avec eux, ont beau nous l'affirmer, je n'en crois rien. De plus, on ajoute qu'ils manient notre langue d'une façon admirable et sans le moindre accent. Est-ce possible ?....

Ainsi parlait, sur les bords de la Tchernaïa, quelques jours après la suspension d'armes, le zouave de Piételle à son camarade Dulord, comme lui enfant de Paris.

— Que t'importe, répondit celui-ci, si les officiers russes sont polis et s'ils parlent le français plus ou moins correctement, pourvu qu'ils se battent bien ?

— C'est vrai ; mais... je suis curieux, et, puisque j'ai déjà fait maintes fois connaissance avec eux à coups de fusil, je désirerais les connaître et les apprécier sous un tout autre aspect.

— Qui t'en empêche ? Un homme qui est parvenu à s'introduire dans Sébastopol occupé par les Russes, et qui en est revenu au bout de six jours, n'aura pas de peine à franchir le terrain neutre.

— Au fait, dit de Piételle, l'entreprise est bien moins dangereuse, mais sera probablement moins piquante, ajouta-t-il en souriant.

— Que veux-tu dire ?

— Oh ! rien. Ainsi, c'est dit : je vais leur faire une visite de politesse. Au revoir.

Et sans plus tarder, notre hardi zouave se mit à parcourir la distance qui séparait les deux camps, et arriva sans encombre au premier poste avancé des Russes. C'était une quinzaine de lanciers commandés par un lieutenant qui savait parler français(1). Ils accueillirent le visiteur avec des démonstrations bruyantes, mais qui n'avaient rien d'hostile, et le tabac et l'eau-de-vie ne furent pas épargnés. L'officier, à qui de Piételle avait fait part du motif de sa visite, lui dit :

— Nous allons boire le café, et nous causerons. Bientôt, on viendra nous relever, et je vous présenterai à mes camarades, qui presque tous entendent votre langue ; mais, en attendant, nous sommes forcés de vous soumettre à une minutieuse perquisition, pour savoir si vous ne portez rien de suspect. C'est notre consigne.

Une pareille formalité parut faire un mince plaisir à l'aventureux zouave. En le fouillant, les Russes trouvèrent sur lui une petite cassette qui ne le quittait jamais. Un lancier la reconnut pour avoir appartenu à la comtesse Z..., dont il avait été le domestique. La cassette

---

(1) Les Russes ont, dans leur alphabet, 35 lettres, entre autres le *j* français qu'ils appellent *ijitsé* qui embarrasse si fort les Allemands. Ils ont aussi le *th* anglais et le *ch* allemand ; ce qui leur donne beaucoup de facilité pour la prononciation des langues étrangères.

fut saisie. De Piételle, malgré sa bravoure, n'avait point la force de ce Romain borgne qui, s'il faut en croire Tite-Live, empêcha, seul, une armée de passer un pont, et il céda, non sans maugréer contre la formalité et ceux qui l'accomplissaient.

Le lieutenant, qui s'aperçut de la mauvaise humeur du zouave, essaya de le consoler.

— Je ne suis point assez indiscret, dit-il, pour vous demander comment cette cassette est tombée entre vos mains ; bien mieux, si vous tenez à rentrer en possession de cet objet, veuillez écrire quelques lignes à notre général, pour solliciter une audience ; je les lui enverrai de suite, et nous ne tarderons pas à recevoir une réponse.

De Piételle se hâta d'écrire quelques lignes, et, deux heures après l'envoi de sa lettre, il vit arriver un planton chargé de le conduire chez le commandant du corps d'armée. Le zouave salua le lieutenant et partit.

A peine fut-il entré dans le salon du général, que celui-ci prit le premier la parole en fort bon français :

— Vous êtes, quoique simple soldat, gentilhomme, il me semble, d'après la particule qui précède votre nom ?

— Oui, mon général, et, ce qui vaut mieux, chevalier de la Légion-d'Honneur.

— C'est bien ; je respecte cet insigne des braves; mais votre titre de noblesse a ici plus de prix que vous ne pensez. Quand j'ai reçu votre missive, j'allais me mettre à table. A la vue de votre nom, je vous ai envoyé chercher, monsieur le chevalier, pour vous prier de dîner avec moi. Vous serez le commensal d'une douzaine d'officiers, joyeux compagnons dont vous n'emporterez pas, j'espère, une mauvaise idée ; car je n'ignore pas ce qui vous a amené parmi nous.

De Piételle se confondit en remercîments, et se mit bravement à table. Le dîner fut splendide et largement arrosé de bordeaux et de champagne. Les convives, parlant tous le français avec une grande pureté d'accent, furent gais et spirituels, et se livrèrent à de fines plaisanteries, au point que le zouave, qui avait repris peu à peu le ton de l'homme du monde, se crut transporté dans une des plus élégantes sociétés françaises.

—D'honneur! messieurs, dit-il, j'avoue que, outre le plaisir de dîner avec vous, j'étais loin de m'attendre à vous trouver si aimables, et mon amour-propre national me porte à croire que vous n'êtes pas d'origine russe.

— Comment donc ? s'écrièrent les convives surpris.

— Mais oui, messieurs. D'abord, quelques-uns d'entre vous se sont battus comme des zouaves ; puis, vous parlez si purement le français, que l'idée m'est venue que vous étiez des officiers expatriés de la garde de Charles X ou descendants d'anciens émigrés, dont les pères ont germanisé ou *cosaqué* les noms.

— Vos paroles, monsieur de Piételle, répondit le général, nous honorent dans un sens, car, je vous en donne ma parole de militaire, pas un de nous n'a l'honneur d'être d'origine française.

— Je vous crois, mon général, et tant mieux! Nous avons eu plus de gloire à lutter avec avantage contre vous.

Le dîner fini, de Piételle songea à sa petite cassette et exprima le désir de la voir retourner en sa possession.

— Messieurs, dit le général, avant de rendre la cassette au chevalier, je dois m'assurer qu'elle ne contient aucun papier important, le mari de la comtesse étant colonel d'un de nos régiments de dragons. Soyez assuré, monsieur, ajouta-t-il en s'adressant à de Piételle, que le seul accomplissement d'un devoir nous fait agir ainsi. Nous vous jurons sur l'honneur de ne point divulguer le secret qui peut exister entre vous et la comtesse Z...

Voici ce que contenait la cassette :

Les objets qui s'offrirent aux yeux du général furent quatre portraits d'hommes en miniature, parmi lesquels celui du zouave, et deux écrits en langue russe, que le général lut rapidement. Tout-à-coup, il partit d'un immense éclat de rire, et son hilarité fut partagée par les officiers, lorsqu'ils eurent pris connaissance de ces papiers. De Piételle était assez embarrassé de sa contenance, mais le général vint à son aide, et lui traduisit en français les deux billets. Comprenant alors quel rôle lui était dévolu dans l'aventure, il partagea l'hilarité générale.

Cependant, l'heure de retourner au camp étant venue, notre zouave prit congé du général et de ses convives. Muni de sa cassette, qu'on n'hésita pas à lui rendre, mais à laquelle il n'attachait plus la même valeur, de Piételle s'en retourna enchanté du procédé des Russes, qui lui serrèrent affectueusement la main, en l'invitant à revenir quand bon lui semblerait.

Le zouave Dulord commençait à s'inquiéter sur le sort de son camarade, lorsqu'il l'aperçut se dirigeant tranquillement vers le camp. Il courut à sa rencontre, et, arrivé près de lui :

— Tu as été long dans ton excursion ; je perdais déjà patience. Eh bien ! as-tu vu les Russes ?

— Parbleu ! certainement, je les ai vus ; j'ai dîné avec un général de division et plusieurs officiers.

— Comment les as-tu trouvés ?

— Les hommes les plus charmants et même au-dessus des éloges que nos officiers leur accordent. Seulement, ils ont le défaut d'être trop défiants : ils exercent les fonctions de douaniers. On m'a fouillé scrupuleusement, jusqu'à ma cassette, que j'ai failli leur laisser.

— Ah ! ah ! cette cassette si précieuse que tu conserves comme des reliques ? Me conteras-tu enfin cette histoire ?

— Volontiers ; d'autant plus que, sans ma visite aux Russes, je n'aurais pu te satisfaire. Te rappelles-tu Mme R... ?

— N'est ce pas la femme d'un officier anglais ?

— Oui. Cette dame, un peu malade, voulait qu'on allât lui chercher à Sébastopol une bouteille d'hydromel, et aucun soldat anglais n'osait hasarder sa vie pour si peu de chose. C'était dans les commencements du siége. L'officier anglais, pour contenter Milady, fut forcé de s'adresser aux zouaves, qui passent avec raison pour affronter tous les périls, quand il s'agit de rendre service.

Le choix étant tombé sur moi, je pénétrai, un soir, après bien des fatigues, dans cette partie de la ville contiguë au cimetière. Je ne savais trop comment mener mon entreprise à bonne fin, mais je me fiai à mon étoile. A l'extrémité d'une rue, j'aperçus une maison de belle apparence, d'où partaient des sons de piano. Je sonnai au hasard, non sans inquiétude sur le résultat de ma témérité. Une laide servante vint ouvrir, en me parlant dans une langue inconnue. Ma réponse en français attira sa maîtresse, qui s'écria, en me voyant :

— Ah ! mon Dieu ! les Français sont-ils déjà maîtres de la ville ?

— Pas encore, belle dame, lui répondis-je ; mais cela ne tardera pas. En attendant, je suis entré secrètement dans cette ville pour me procurer une bouteille d'hydromel qu'une dame anglaise croit nécessaire au rétablissement de sa santé.

— Quel caprice ! de l'hydromel ! c'est bon pour des valets. N'importe, monsieur le Français, montez, on vous en donnera.

La dame me fit entrer dans un salon richement meublé, et à l'éclat des lumières j'eus tout le loisir de la considérer. C'était une belle blonde de vingt-quatre ans environ, habillée au dernier goût. Son timbre de voix était si agréable qu'il eût agité le cœur d'un cénobite. Après m'avoir fait prendre quelques rafraîchissements, elle me dit de ne point retourner au camp le soir même, crainte que je ne fusse tué, et m'offrit l'hospitalité. Sur mon observation que les zouaves ne redoutaient aucun danger, elle changea de tactique, et me dit :

— J'ai peur moi-même, et Dieu semble vous avoir envoyé à mon secours ; en qualité de Français, vous êtes trop aimable pour ne point protéger une femme seule avec sa domestique.

Comme les travaux du siége ne marchaient pas alors, que notre régiment se reposait, et, disons-le, comme la dame me plaisait infiniment, je me laissai persuader.

Je ne te dirai pas si je fus satisfait de ma charmante hôtesse, cela va sans dire. Je passai là des instants délicieux, filant comme un nouvel Hercule aux pieds d'une autre Omphale. Mais cette douce existence ne dura pas longtemps. La dame était mariée depuis huit ans au colonel Z... que son service retenait du côté de Simphéropol, et cinq jours s'étaient à peine écoulés depuis mon arrivée, que ma dulcinée reçut une lettre de son mari, qui l'invitait à se rendre auprès de lui.

Nos adieux furent touchants, et ma belle blonde, avant de partir, eut la fantaisie de posséder mon portrait ; elle fit venir un daguerréotypeur, qui lui sourit d'un air d'intelligence. L'artiste saisit parfaitement ma ressemblance, et la dame, enchantée, plaça mon portrait dans une cassette où il s'en trouvait déjà, autant que je pus le remarquer, deux ou trois autres. Ceci m'intrigua, et, convaincu qu'elle ne contenait ni argent, ni bijoux, je résolus de m'emparer de la cassette, ce qui ne fut pas difficile.

Tu sais maintenant pourquoi je n'ai apporté l'hydromel que le sixième jour, et pourquoi je me suis dit prisonnier des Russes, dont j'avais à la fin trompé la surveillance. Quant à la cassette, j'attendais un moment favorable pour m'instruire sur son contenu. et mon excursion vient de m'en donner la clé. Il y a là-dedans quatre portraits d'homme, y compris le mien; les premiers sont ceux des amants qui m'avaient précédé. Voici, en outre, dit de Piételle en ouvrant la cassette, deux billets que le général a bien voulu me traduire en français. Celui-ci s'applique à un Anglais. Ecoute un peu :

« Un anglais qui n'a de passion ni pour les chiens, ni pour les chevaux, est en amour d'une constance à désespérer la femme la moins infidèle. J'ai eu mille peines à m'en débarrasser. »

— Diable ! cette dame croit donc qu'il n'y a pas de femme fidèle ?

— Que veux-tu, c'est le langage de ses pareilles, ce qui n'empêche pas, Dieu merci, qu'on rencontre la vertu et la constance chez le sexe, peut-être plus souvent que chez nous autres hommes. Mais passons au second écrit, qui me concerne.

Et de Piételle lut l'autre billet, qui fit rire Dulord aux éclats. La dame vantait vivement la vaillance du zouave.

A la fin, Dulord s'écria :

— Oh! oh! voilà, j'espère un pompeux éloge !

— Je m'en soucie bien ! une femme qui en avait déjà eu trois ! Aussi, je ne tiens plus à sa cassette.

— Eh ! farceur ! qu'importe ? tu n'en as pas moins fait sa conquête, et ils sont rares, ceux qui dans cette guerre peuvent se flatter d'avoir eu une intrigue amoureuse.

— Belle gloire ! elle en avait eu déjà trois !

Tu en reviens toujours là. L'aventure est si piquante !

— Tiens, veux-tu que je te dise une chose ? Eh bien ! quoique les lords et les boyards qui épousent des bergères soient aussi rares aujourd'hui que les oncles d'Amérique, je ne suis pas éloigné de croire que ma conquête facile est un rat échappé de l'Opéra ou une modiste de la rue Vivienne, que le colonel russe a eu la folie d'épouser.

— C'est possible ; mais je puis t'assurer que je ne serais pas fâché d'être à ta place, et d'en occuper une dans la cassette d'une dame russe.

SIXIÈME ÉPISODE.

LES ZOUAVES.

Après une assez longue séparation, de Piételle et son camarade Dulord étaient réunis pour un déjeûner offert par ce dernier, en réjouissance de sa nomination toute récente dans l'ordre de la Légion-d'Honneur.

Lorsqu'ils eurent joyeusement fêté leur réunion, la conversation des deux amis prit une tournure expansive, et l'on tomba sur le chapitre des confidences. De Piételle ouvrit le feu.

— A propos, dit-il, tu n'as plus, je pense, à envier le sort.

— Comment donc ?

— Certainement ; d'après la montre

et la bague que tu m'as montrée, je présume que quelque aventure piquante t'a rendu aussi heureux que tu le désirais, lorsque je te racontai l'anecdote de ma cassette. Le moment est favorable. A ton tour de me raconter l'histoire de ces deux bijoux, dont l'un, la montre, est sûrement d'origine moscovite.

— Ta supposition est vraie sur ce point; mais je dois te prévenir que mon histoire est moins intéressante que la tienne.

— N'importe, va toujours.

— Tu le veux, soit. Te rappelles-tu le caporal Murray, des zouaves anglais (1) ;

(1) C'est ainsi que nos zouaves surnommaient les Ecossais. Ce sont en effet les troupes les plus braves de l'armée anglaise. A Waterloo, Wellington voyant ses deux ailes plier avait réuni ses Ecossais et les avait placés au centre. Ce sont les Ecossais du général Hacket qui ont repoussé les charges de nos 14 régiments de cuirassiers (y compris les 2 de carabiniers) et qui ont donné aux Prussiens le temps d'arriver. Le lieutenant-général Baron Delort, décédé il y a une dizaine d'années qui m'honorait de son amitié, et dont j'ai été le collaborateur pour un ouvrage sur la campagne de 1815, m'a dit avoir poussé onze charges de cuirassiers, et il m'a assuré plusieurs fois que les Ecossais se battaient aussi bien que la vieille garde.

Dans la campagne de Crimée, les Ecossais à Inkermann et à Balaclava ont encore par leur résistance donné aux Français le temps de venir prendre part au combat.

Les Anglais appelaient à leur tour nos zouaves les Ecossais de l'armée française.

un grand et solide gaillard de la taille d'un mètre 990 millimètres, qui parfois nous égayait par sa façon de baragouiner le français ?

Parfaitement.

— Tu te rappelles également qu'il était possesseur d'une jolie paire de bottes fourrées et toutes neuves ?

Oui, sans doute; mais où veux-tu en venir ?

Attends donc !... Dans un combat d'avant-garde, Murray avait surpris et désarmé un tirailleur russe. Il emmenait son prisonnier qui, après avoir d'abord marché sans trop se faire prier, opposa tout-à-coup une résistance opiniâtre, en voyant des soldats de son bataillon venir à son secours. Murray, ne voulant point lâcher son homme, allait le charger sur ses épaules comme il l'aurait fait d'un enfant, quand le Russe, devinant son intention, s'empressa d'ôter ses bottes et de les présenter à son colossal adversaire, qui les prit en éclatant de rire et laissa son prisonnier retourner tranquillement vers les siens.

— Cela ne m'étonne pas, interrompit de Piételle : d'aussi loin qu'ils nous aperçoivent, comme nous crions : Gare la marmite! à la vue d'une bombe, les Russes répètent sur tous les tons : Gare à vos bottes !

— Murray, dont le pied est petit en dépit de sa stature, se trouvait parfaitement à l'aise dans les bottes du Russe. Par le froid qui sévit ici, il est bon d'être bien chaussé, et je n'hésitai pas à montrer à Murray l'intention où j'étais de me procurer une chaussure semblable à la sienne.

— Goddem ! me dit-il, jé estimer vô jeune brave soldate; neverthless il être très-fortement beaucô diffikculte, ou bien vô prendre le dépouille d'eune défunct.

— Pas du tout, répondis-je, je ne compte point sur la chaussure d'un mort. Je veux, dans l'espace de quatre heures, être muni d'une bonne paire de bottes, en les arrachant de gré ou de force à un Russe plein de vie.

— Ah ! Eh bien, j'ai gager eune gageure avec vô d'eune grande déjeuner que vô, dans quatre hours n'avoir pas le botte dans le possécheune de vô.

— Le pari est accepté.

— Bon ! moa m'en rapporter à la parole à vô, et jé n'être pas sure de gagner ; pour ces fellows zouaves, il n'être rien d'impossible. Bon chance.

J'avoue que j'étais assez embarrassé pour tenir et gagner mon pari. Heureusement, au moment où il venait d'être engagé, une trêve de six heures avait été accordée au général russe Osten-Sacken pour enterrer ses morts. Je tenais mon moyen, il ne s'agissait plus que de le mettre à exécution.

Nous avions malheureusement quelques-uns de nos braves à relever, et notre régiment n'était point destiné à ce lugubre service; néanmoins, je parvins à me faufiler au milieu des hommes de corvée et réussis à atteindre un poste avancé de Russes, commandés par un jeune sergent du régiment de Kalouga. Ce sous-officier de bonne mine me plut au premier aspect, et je tâchai de lier conversation avec lui. A mon regret, il n'entendait point le français, et m'étant rappelé fort à propos que j'écorche passablement l'allemand, je lui adressai la parole en cette langue et nous pumes nous comprendre

Après nous être entretenus un instant des affaires du jour et avoir témoigné notre chagrin de voir des braves s'entr'égorger, le sergent me fit entrer dans une pièce étroite, ressemblant à une petite cellule et chauffée à une température presque étouffante.

Tout en fumant et causant, le Russe jetait de temps en temps les yeux sur une gourde appendue à mes côtés. Cette gourde, à laquelle nous avions bu le matin, Murray et moi, était aux trois quarts pleine de la meilleure eau-de-vie de France, et j'avais mes raisons pour ne pas en offrir au sergent sans en être prié, dans la persuasion où j'étais que cela ne tarderait pas. En effet, un moment après, le Russe me dit :

— Votre gourde est-elle vide ? Nous pourrions vous la remplir d'eau-de-vie, qui n'est pas, il est vrai, de première qualité, mais....

— Merci, camarade ; ma gourde est à-peu-près pleine, et c'est de l'excellent cognac. Mais j'y songe ! moi qui oubliais de vous le faire goûter !

Et je la lui fis passer.

Le jeune sergent trouva mon eau-de-vie tellement de son goût, que la gourde humecta ses lèvres à maintes reprises. Ces libations fréquentes, jointes aux fatigues de la nuit et à l'extrême chaleur du poêle, le plongèrent dans un profond sommeil.

Ce résultat obtenu, les bottes du jeune Russe eurent bientôt changé de propriétaire. Les ayant recouvertes de mes guêtres, je sortis de ce réduit et fis signe au caporal de ne point éveiller son chef, qui voulait dormir un instant.

A mon retour au camp, continua Dulord, et au bout de trois heures, je racontai l'aventure à Murray, qui ne put s'empêcher de rire ; me croyant à bon droit sur parole, il me fit le lendemain les honneurs du repas, prix du gagnant. Quoique ce jour-là la guerre eût recommencé de plus belle, comme nous n'étions pas de service, nous pûmes nous régaler de beefteak et de plumpudding amplement arrosé d'ale et de porter, le perdant s'étant réservé le droit de traiter à son gré.

— Je te félicite de ce trait d'audace, dit de Piételle, et surtout du gain de ton pari ; mais quel rapport ?...

— A mon tour de t'interrompre. L'histoire n'est pas finie. Sois patient, si tu veux que je poursuive.

En sortant de la tente où nous avions déjeûné, j'aperçus au loin un caporal russe que je crus reconnaître pour celui qui était de service la veille avec mon sergent débotté. Je lui fis signe de venir, et il s'approcha. C'était lui, en effet. Curieux de savoir comment et pourquoi cet homme se trouvait parmi nous, je fis prier un des soldats de la légion étrangère de venir me servir d'interprète. J'appris alors que le sergent russe était en prison, qu'il serait cassé et traduit devant un conseil de guerre pour vente ou détournement d'effets militaires, pour négligence dans son service, etc. La moindre peine qui pût lui être infligée, c'était vingt-cinq coups de knout, c'est-à-dire la mort. La discipline moscovite est tellement sévère, que le caporal, dans la crainte de partager la disgrâce de son sergent, avait déserté.

Tu comprends si cette nouvelle dut me bouleverser. Il ne m'était pas possible de supporter qu'un larcin, regardé par moi comme une espièglerie de collégien, entraînât la mort d'un homme ou même l'exposât à une peine infamante. Notre régiment n'étant pas de service le lendemain, je demandai avec instance à mon capitaine la permission de m'absenter une partie de la journée pour une affaire des plus graves. L'ayant obtenue, je me dirigeai au pas gymnastique du côté des Russes.

Après avoir échappé à la grêle de boulets et d'obus qui pleuvaient autour de moi, j'attachai, pour éviter la fusillade, un mouchoir blanc à la pointe de mon sabre, et j'arrivai sain et sauf auprès d'un bataillon russe. Je contins mon indignation, afin de ne pas manquer de respect au commandant qui me prenait pour un déserteur, et le priai de me faire conduire chez le colonel du régiment de Kalouga. Le chef de bataillon obtempéra de la meilleure grâce à mon désir, et une demi-heure après j'étais en présence du colonel.

Je racontai à cet officier supérieur de quelle manière, par suite d'un pari insensé, je m'étais emparé des bottes du sergent, et comment j'en avais appris les suites fatales par un déserteur.

— Bien que nous soyons en guerre, mon colonel, ajoutai-je, je n'ai pu souffrir qu'un ennemi loyal subît un châtiment ignominieux pour une faute dont je suis seul coupable. Si vous devez punir quelqu'un, me voilà.

— Non, mon brave, me répondit le colonel, je ne priverai pas ton régiment d'un homme aussi généreux qu'intrépide. Plût à Dieu que tous les militaires te ressemblassent. A ta prière, je pardonne au sergent et lui infligerai seulement quelques jours de prison pour s'être enivré.

— Ah! mon colonel, croyez à ma reconnaissance.

— Quant à toi, mon brave, en récompense de ta belle action, accepte de ma part cette montre.

— Ce n'est pas possible, mon colonel.

— Je te comprends. Je ne te fais pas l'injure de croire que l'intérêt est le mobile de ton acte généreux. Accepte cette bagatelle comme un souvenir de la Crimée.

— A ce titre, je l'accepte, mon colonel. Accordez-moi une nouvelle grâce : qu'il me soit permis de voir le sergent en prison et de dîner avec lui.

Avec la même bienveillance, le brave colonel se mit à son bureau et écrivit les lignes suivantes :

Permis au zouave Dulord de voir dans sa prison le sergent de Levowitch et de servir un bon dîner à ces deux militaires, le tout à nos dépens.

Le colonel commandant le régiment de Kalouga.

Comte URANOFF.

Ainsi en règle, et après avoir remercié le généreux colonel, je me rendis à la prison du sergent de Levowitch, qui s'écria, en me voyant :

— Venez-vous encore m'enlever mes bottes ? Attendez, au moins, qu'on m'en ait donné d'autres.

—Non, mon cher ; je veux, au contraire, vous restituer votre propriété en échange de la mienne, qui ne la vaut pas.

C'est inutile ; puisque vous avez mes bottes, gardez-les. Du reste, je n'aurais pas le temps de les user, mon compte devant être bientôt réglé.

— Détrompez-vous, camarade. J'ai obtenu votre grâce du comte Uranoff, à qui j'ai tout raconté. Vous en serez quitte pour quelques jours de salle de police.

— Est-ce possible !

— Si possible que nous allons dîner ensemble ici-même, et que les frais du repas sont à la charge du colonel.

— Je ne reviens pas de ma surprise. Quel homme êtes-vous donc ? Quelle générosité !... Mais vous êtes zouave, et les zouaves sont capables de tout. Ce sont de vrais démons avec lesquels il n'y a moyen de lutter sous aucun rapport.

On ne tarda pas à nous servir. Le dîner fut confortable et égayé par des propos joyeux qui firent oublier à de Levowitch le danger qu'il venait de courir. Nous serions restés plus longtemps attablés, sans l'heure qui me rappelait au camp. En prenant congé l'un de l'autre, nous pleurions comme deux enfants, maudissant le fléau de la guerre, qui force à s'entretuer de braves gens qui ne parlent pas la même langue. En nous disant adieu, pour la dernière fois peut-être, nous priâmes l'Être suprême que le hasard des batailles ne nous mît jamais en présence. Après une accolade fraternelle, je me hâtai de revenir au camp.

Dix mois s'étaient écoulés. Depuis soixante jours, la suspension d'armes était en vigueur. Les probabilités de paix étaient presque devenues une certitude. Je me proposais de profiter de cette heureuse circonstance pour faire une visite à mon ami de Levowitch, lorsque notre colonel me fit appeler.

— Connaissez-vous, me dit-il, le comte russe Uranoff, commandant le régiment de Kalouga?

Comme je me serais bien gardé de conter mon aventure à notre colonel, je lui répondis que j'avais eu l'honneur de voir le comte cinq ou six fois à Paris.

— Eh bien! ajouta notre colonel, le comte désire vous voir; il me prie de vous accorder une permission de quatre jours. J'ignore, cependant, commènt il a appris que vous êtes aux zouaves.

— Je l'ignore également, mon colonel; c'est à vous de décider si cette permission peut ou non m'être accordée.

— Je suis loin de m'y opposer, mon brave. Je ne vois aucun inconvénient à cela et je ne voudrais pas refuser une faveur aussi légère à mon collègue russe. Rendez-vous donc dans la partie nord de Sébastopol.

Moins dangereux que le précédent, ce voyage fut aussi plus agréable. Le colonel Uranoff me reçut avec aménité. Avec lui se trouvaient un vieillard, vert encore, une belle et blanche jeune fille d'une vingtaine d'années, et un sous-lieutenant que je ne tardai pas à reconnaître. C'était de Levowitch. Nous nous jetâmes dans les bras l'un de l'autre, et le bon jeune homme me présenta aux deux étrangers, qui n'étaient autres que son père et sa sœur.

Officier depuis peu de jours, de Levowitch n'avait point voulu, comme nous disons, arroser l'épaulette sans son cher Dulord, ce dont je le remerciai vivement. M. de Levowitch père et sa fille, Mlle Anna, à qui le nouveau lieutenant avait parlé de moi dans ses lettres, à propos de ce qu'il appelait ma belle action, étaient venus de Symphéropol pour me connaître et me remercier.

Tu peux te figurer, mieux que je ne saurais l'exprimer, les doux moments que j'ai dû passer, entouré de soins affectueux.

Les charmes de la belle Anna triomphèrent bientôt de ma froideur à l'égard du sexe beau mais traître. Je ne pus me défendre d'une certaine émotion en contemplant ces traits nobles et gracieux à la fois. Je n'étais pas, cependant, audacieux au point de prétendre à la main de la riche demoiselle, lorsqu'un soir, son frère, me tirant à l'écart, me dit *ex abrupto :*

— Que pensez-vous de ma sœur ?

Cette demande me troubla. Je craignis d'avoir blessé sans le vouloir l'orgueil de la jeune fille.

— Pourquoi cette question ? dis-je en hésitant.

— Parce qu'étant votre ami, je désirerais vous appeler mon frère.

Après le premier moment de surprise, je me hâtai d'exprimer tout le plaisir que me causait cette proposition.

— Cependant, ajoutai-je, je tiens à

connaître l'opinion de votre sœur à ce sujet. Je suis sans fortune, je ne me marierai qu'à la fin de la guerre, et j'avoue que ma femme devra me suivre à Paris.

—Que rien ne vous arrête ; faites hardiment votre déclaration. Ma sœur est riche pour vous deux. Quant au reste, mon père passe plus de la moitié des hivers à Paris, et je l'accompagnerai de temps en temps.

Aux premiers mots d'amour que j'adressai à Mlle Anna, en sollicitant l'honneur d'obtenir sa main, la noble jeune fille me répondit de l'air le plus modeste que le désir de son père et de son frère étant de nous voir unis, elle acceptait volontiers l'honneur de porter le nom d'un honnête soldat français, décoré du signe des braves.

C'était la deuxième fois que ma croix me faisait éprouver un vif sentiment de satisfaction. La première fois, c'est lorsqu'elle m'a été décernée ; et lorsque cette gracieuse jeune fille me parla ainsi, je portai la main sur mon cœur, tant pour en comprimer les battements que pour presser ce signe dont je suis fier.

Bref, je touche à la fin de mon récit. Après avoir échangé nos anneaux, nous

nous sommes regardés comme fiancés, d'après la coutume du pays.

— Et quelle sera la dot de la jeune fille ? dit de Piételle.

— Cinq cent mille francs, je crois.

— C'est joli. Ainsi, tu es bien décidé à faire une fin, comme dit la grisette du faubourg Saint-Germain ?

— Oui, mon cher ; tout est convenu, et je t'invite à ma noce.

— Au fait, tu as deux motifs puissants pour t'engager dans les liens de l'hyménée : le premier, c'est que ta fiancée est jolie, et que si la beauté s'en va, la laideur reste ; le second, c'est qu'une dot de 500,000 fr. n'a pas mal d'attraits. Des hommes d'esprit ont aliéné leur liberté pour beaucoup moins, et n'en ont pas été..... plus heureux.

SEPTIÈME ÉPISODE.

LE SEPTIÈME LÉGER

(Aujourd'hui 82me de ligne).

La suspension d'armes, préliminaire de la paix qui plus tard devait se signer au congrès de Paris, était en vigueur depuis une quinzaine de jours, et nos soldats un peu remis de leurs fatigues, pouvaient se livrer à un paisible repos dont ils avaient été si longtemps privés.

Un soir, vers sept heures par un temps pluvieux, une douzaine de sous-officiers du 7me léger prenaient le café sous une tente auprès d'un bon feu et parlaient des divers engagements qu'ils avaient eu à soutenir contre les Russes quand un adjudant sous-officier corse M. Benigni leur dit : assez causé de vos prouesses, camarades, nous les connaissons. Si nous entamions un autre chapitre ? Qu'en dites-vous ? les nuits sont longues et le Russe ne troublera pas notre sommeil. J'ai l'intention de vous raconter l'histoire du plus fameux bandit qui ait infesté la Corse, mon pays.

— Bien ! bien ! s'écrièrent les sous-officiers ; commencez, lieutenant, cette histoire doit être intéressante.

— Sans doute ; mais avant de vous parler du fameux bandit Téodoro Poli, permettez-moi de vous donner une préface :

Les bandits corses n'ont rien de commun avec les brigands napolitains ou autres gens de la même espèce. Ils n'ont jamais détroussé ou assassiné des voyageurs sur les grands chemins. Ils sont en révolte contre la société représentée par la loi pour avoir immolé des ennemis privés ou avoir vengé par la mort une injure souvent légère, et ils tiennent, pour nous servir de leur expression, la campagne, jusqu'à ce qu'ils tombent sous le plomb des gendarmes qui, malheureusement, ne rentrent pas tous vivants à leurs casernes. Depuis la réunion de la Corse à la France, on pourrait demander pourquoi le banditisme, peu commun aujourd'hui, n'est pas entièrement détruit dans une île où naguère, par suite de *vendette*, des familles entières ont été éteintes. Cela tient à plusieurs causes : L'homme en employant, soit pour le bien, soit pour le mal, les ressources de son génie, est, quand il s'agit d'attaquer ou de se défendre, puissamment secondé par la configuration du sol qui l'a vu naître, lorsque ce sol offre surtout des fortifications naturelles. En première ligne, comme points stratégiques, doivent être placés les accidents de terrain, les courants d'eau, les bois, les défilés et les montagnes. Ainsi, sous Guillaume Tell, les Suisses, favorisés par leur position topographique, purent secouer le joug autrichien ; ainsi, de notre temps, les Vendéens ont été capables de soutenir des luttes de géants, et les Espagnols d'opposer aux premiers soldats du monde une résistance héroïque qui n'a été égalée par aucune nation. Ces considérations sont d'autant plus à examiner que les Polonais, privés de ces ressources, durent, en 1831, malgré leur bravoure, céder au nombre, dans une contrée plate où les gros bataillons finissent toujours par l'emporter. De même en Russie, s'il prenait jamais aux serfs une velléité d'indépendance, ils seraient écrasés, à moins qu'une partie de l'armée ne se joignît à eux. Or, la Corse, par sa topographie, offre peut-être plus qu'aucun pays du monde, des moyens de défense, et les bandits peuvent défier quelque temps une gendarmerie brave et nombreuse. Ajoutons qu'aux yeux du peuple corse, *tenir la campagne* n'est pas un déshonneur. Le bandit conserve l'appui de ses parents les plus éloignés et de ses amis qui lui fournissent des vivres et l'instruisent des moindres démarches de la gendarmerie; car les Corses sont aussi fidèles dans leur amitié qu'implacables dans leur haine; mais, braves et doués d'excellentes qualités, ils se montrent chatouilleux sur le point d'honneur et lui donnent quelquefois une fausse interprétation. Le proverbe : *Non è Corso che non fa la sua vendetta*, a entraîné de grandes calamités.

Heureusement, la Corse est en progrès. Le clergé que Mgr Casanelli d'Istria me disait un jour avoir eu bien de la peine à réformer, est instruit aujourd'hui et rend d'éminents services. D'un autre côté, les bandits qui entrevoyaient l'impunité dans le voisinage de la Sardaigne et de la Toscane, sont livrés maintenant, d'après des traités d'extradition, et le gouvernement de Napoléon III a couronné l'œuvre en condamnant à des peines sévères les personnes surprises avec des armes prohibées. On a ainsi enlevé à des hommes d'une vivacité par trop méridionale, les occasions de s'entretuer quelquefois pour des bagatelles. Il faut donc espérer que, grâces aux efforts du gouvernement, à une instruction sagement dirigée et au percement de routes pour faciliter les communications, le banditisme corse, sans passer à l'état de mythe, ne sera pas plus fréquent que dans d'autres contrées.

Voilà, messieurs, ma préface terminée; maintenant, je m'empresse d'arriver à l'histoire très-authentique du fameux Téodoro Poli. Si mon récit ne vous satisfait point quant à la forme, j'espère qu'il y aura compensation et que le fond ne laissera rien à désirer. Je commence :

En 1822, on remarquait à Vico, sur la place publique et non loin de l'église paroissiale, une maison à deux étages, d'assez belle apparence, avec cette inscription : *Ici on loge à pié et à chevale.* C'était dans ce temps la seule hôtellerie du lieu ; elle était tenue par Hyacinthe Poli, homme approchant de la cinquantaine et d'une stature au-dessus de la moyenne. Peu chargé d'embonpoint pour un hôtellier, maître Hyacinthe était néanmoins d'une constitution robuste ; mais son teint bruni par un soleil ardent, son front sévère et son caractère un peu brusque n'étaient point faits pour attirer les chalants. Poli, d'ailleurs, paraissait y tenir d'autant moins qu'il aurait pu se dispenser d'exercer ce métier. Sans être ce qu'on appelle riche, il possédait en terres et en vignes de quoi largement suffire à ses besoins et à ceux de sa famille.

La famille d'Hyacinthe Poli se composait de son épouse, petite femme de 45 ans, grosse et rondette, assez bien conservée. Au moral comme au physique. elle différait essentiellement de son mari, et des étrangers, en les voyant, auraient pu croire que c'était une union mal assortie. Il n'en était rien : les femmes corses dans la classe populaire et même dans la bourgeoisie n'ont aucun empire ; tout leur rôle se borne à se soumettre aveuglément aux volontés de leur seigneur et maître, et Mme Poli ne faisait point exception à la règle.

Les époux Poli n'avaient que deux enfants, l'aîné Teodoro était un beau jeune homme de 20 ans. Semblable à son père par les traits du visage, il était plus grand, moins maigre et d'une force herculéenne. Mais, comme si Dieu eût voulu créer bons les hommes qu'il a doués d'une certaine force physique, en la refusant souvent à ceux qui auraient pu en abuser, Teodoro était doux et timide comme une innocente jeune fille. Son éducation avait pu, il est vrai, y contribuer; Teodoro, se destinant à l'état ecclésiastique, était depuis un an élève au grand séminaire d'Ajaccio.

Mme Poli, deux ans après la naissance de Teodoro, avait donné le jour à une fille, et à l'époque où remonte notre histoire, Dianira, âgée de 18 ans, était d'une beauté remarquable: ses cheveux d'un noir de jais, ses yeux de la même couleur, d'où semblaient jaillir des éclairs, l'ensemble de sa physionomie lui avaient valu le surnom de *Perle de Vico*.

Ainsi pourvue de dons naturels et d'une bonne dot qui ne gâtait rien,

7

Dianira devait avoir une foule de prétendants et pouvait s'attribuer la plus grosse part des bénéfices que ses parents réalisaient dans leur petit commerce. En effet, il ne se passait pas un jour sans que l'hôtellerie vît de nouveaux visages. Les jeunes Corses, chasseurs intrépides, s'il en fut, auraient, à proximité de Vico, perdu la piste d'un lièvre ou d'un sanglier plutôt que de ne point faire une halte à l'hôtel Poli. Aussi, Dianira avait-elle refusé les partis les plus riches du pays, et était-elle traitée de cœur insensible, lorsqu'on vint à parler tout-à-coup de son prochain mariage avec un continental.

L'heureux mortel qui avait su plaire à Dianira était un maréchal-des-logis de gendarmerie, M. X. Appartenant à une honnête quoique pauvre famille de la Provence, cet homme, âgé d'environ 30 ans, était un ex-brigadier de cavalerie de la garde royale qui avait été envoyé en Corse en qualité de maréchal-des-logis de gendarmerie. M. X. d'une physionomie agréable, d'excellentes manières, d'une instruction convenable et bien vu de ses chefs, pouvait dans peu arriver à l'épaulette. C'est par ces qualités qu'il avait gagné le cœur de la belle Dianira ; car la Corse est peut-être la seule contrée du globe où la fortune sans le mérite soit comptée pour peu de chose, et où un honnête homme traite d'égal à égal avec son semblable, quelle que soit la haute position de ce dernier.

Le mariage ayant été arrêté, le repas des fiançailles eut lieu trois jours après. A ce festin avaient été invités les amis et les parents, on ne saurait dire à quel degré. Les cousins, à la mode de Bretagne, sont des parents très-proches en comparaison des nombreux cousins, oncles et neveux que l'on rencontre en Corse. Quoi qu'il en soit, malgré la foule de conviés, la joie n'avait cessé de régner pendant le repas qui tirait à sa fin, quand parut un jeune homme qui n'avait point été invité et que par conséquent on n'attendait guère. Sa vue faillit produire sur maître Hyacinthe l'effet de la tête de Méduse ; mais se remettant bien vite: D'où viens-tu Tiodoro? (1) Pourquoi ce costume laïque ?

— J'arrive du séminaire où je ne rentrerai pas.

(1) Dans le dialecte italien de l'ancien département du Liamone, on prononce l'e comme un i et souvent l'o ou.

— On t'en a donc expulsé?

— Point du tout, mais je ne veux pas être prêtre.

— Ah!

— Ce n'est pas ma vocation.

— Elle pourra te venir.

— Cela ne se commande pas.

— Peut-être.

— Je ne vous comprends pas, mon père.

— Dans un mois tu tireras au sort, et si tu *as la main mauvaise*, je ne te ferai pas remplacer.

— Je serai soldat.

Après cette courte admonestation paternelle, Teodoro alla s'asseoir tranquillement au milieu des convives, et la conversation continua comme auparavant, sans qu'Hyacinthe adressât d'autre reproche à son fils, parce que si un père de famille en Corse règne despotiquement sur sa femme ou sur sa fille, il n'en est pas de même à l'égard des garçons parvenus à l'adolescence. Seulement, maître Hyacinthe ne ressemblait pas à beaucoup de pères qui désirent voir se perpétuer dans un fils unique le nom de la famille. Hyacinthe avait de la religion, et par une piété mal entendue, il croyait être agréable à Dieu, en faisant, bon gré mal gré, de son fils un ministre des saints autels. Il espérait que le jour du tirage, le Ciel exaucerait ses prières et que Teodoro ayant un mauvais numéro préfèrerait encore l'état ecclésiastique à celui de soldat.

Cependant la sortie de Teodoro du grand séminaire avait fait quelque bruit dans la contrée. Comme il arrive toujours dans les petites localités et parfois dans les grandes, chacun narrait la sienne. Les plus malins du pays auraient juré sur leur tête que l'amour y était pour quelque chose; on résolut de s'en assurer, et après maintes démarches, on reconnut qu'on s'était trompé. Teodoro ne regardait même pas les femmes et il passait tout son temps à chasser.

Enfin le jour du tirage tant désiré parut. Teodoro plongea sans sourciller la main dans l'urne fatale, et pour employer l'expression de maître Hyacinthe, nous devons dire qu'il eut la main on ne peut plus *mauvaise* : il tira le n° 1. Comme il n'avait pas plus l'ambition de devenir évêque que celle d'être maréchal de France, il insista plusieurs fois, mais en vain, pour obtenir un remplaçant.

Teodoro ne pouvant vaincre l'opiniâtreté de son père, se décida forcément à tâter du métier de soldat, sans regretter aucunement le séminaire. En attendant le départ, il se livrait un jour à son exercice favori, quand il rencontra un sien cousin qui lui demanda s'il était vrai qu'un père fût assez *barbare* pour consentir à voir revêtu de l'habit de *pioupiou* un fils unique. — Rien n'est plus vrai, *mio caro*; mon père, homme pieux à l'excès, voudrait que je fusse prêtre.

— Diavolo! la piété je la respecte et j'en ai ma bonne portion; mais pas n'en faut au point de forcer la vocation des gens.

— Tu as raison, mais....

— Mais quoi! Ton père ne veut pas te donner un remplaçant? Eh bien! moi j'ai de l'argent et tu te feras remplacer.

— Merci, caro mio, je ne te l'avais pas demandé, pensant bien que tu me l'offrirais.

— Oui, diavolo! à la vie, à la mort, au revoir.

Teodoro, le cœur plein de joie, avait pris congé de son cousin, et le soir il s'acheminait vers le foyer paternel en se livrant à des rêves brillants d'avenir, quand, tout-à-coup, il lui surgit l'idée que si l'argent était prêt, le remplaçant était loin de l'être. Les agents de remplacements militaires n'avaient pas encore *civilisé* l'île, et fort heureusement ; car, des civilisateurs de cette espèce finiraient par enlever aux Corses leurs bonnes qualités sans diminuer en rien leurs défauts. Aussi, si depuis le règne de Louis-Philippe, les navires corses ont débarqué, par douzaines, des remplaçants sur le continent, il n'en était pas ainsi sous les rois Louis XVIII et Charles X. Un Corse qui aurait remplacé à cette époque était entaché d'infamie.

Néanmoins, Teodoro, à force de recherches, parvint à rencontrer un pauvre diable qui, à bout de ressources, voulut bien, moyennant une certaine somme, servir la patrie. Le prix ordinaire du remplacement était de 1,800 fr. sur le continent, somme qui fut convenue, dès le principe, entre les deux parties contractantes ; mais la veille du jour où devait être signé l'acte, le remplaçant, on ne sait pour quel motif, exigea de Teodoro la somme de 1,805 fr.

— Comment ! répond ce dernier, nous étions d'accord à 1,800 et tu demandes aujourd'hui 5 fr. de plus !

— Oui, j'ai mes raisons, si cela ne te convient pas, rien de fait.

— Tu n'es pas Corse, puisque tu n'as pas de parole ?

— Prends-le comme tu voudras ; je ne diminuerai pas d'un sou.

— Et moi, je ne donnerai pas un centime de plus. Cependant, pour te prouver que je ne tiens pas à 5 fr. et que je ne suis pas un ladre, outre les 1,800 fr., je t'hébergerai en seigneur jusqu'à ton départ.

— Non, je veux 1,805 fr. ; je ne sors pas de là.

— Et moi, je le répète, tu ne les auras pas, Diavolo ! Tu réfléchiras.

Teodoro et le remplaçant persistèrent dans leur entêtement jusqu'au départ de la classe, et le premier espérant que le second finirait par céder, demanda un délai de deux jours au maréchal-des-logis X, qui le lui accorda.

Sur ces entrefaites, maître Hyacinthe avait appris avec étonnement qu'un individu dont il n'avait jamais entendu prononcer le nom, se fût donné pour le cousin de Teodoro et lui eût avancé de l'argent. Toutefois, instruit en même temps du désaccord qui régnait entre son fils et le remplaçant, il ne perdit pas espoir. Mais quand on l'eut averti que M. X. avait donné à Theodoro un délai de 48 heures, il devint furieux, dans la crainte que le remplaçant ne se laissât gagner. Il courut immédiatement chez le maréchal-des-logis, et lui dit: Malheureux ! qu'avez-vous fait ! M. X. ainsi interpellé ne savait trop que répondre, quand Hyacinthe continua : Pourquoi avez-vous donné à mon fils deux jours de répit ?

— Il n'y a pas là de quoi exciter votre colère ; si votre fils ne s'accommode pas avec le remplaçant, comme il n'y a que deux étapes d'ici à Ajaccio, il a le temps de se rendre à son poste, en voiture ou à cheval.

— Mais ne sentez-vous pas qu'il peut en terminer avec ce maudit remplaçant et que tel n'est point mon désir ?

— Pardon, je l'ignorais.

— A la bonne heure ! écoutez : je veux qu'il soit militaire ; quand il en aura goûté pendant 3 ou 4 mois, il en aura bien assez. Je le ferai remplacer et il rentrera au séminaire. Dites-lui donc que vous avez outrepassé vos pouvoirs et que votre lieutenant vous a réprimandé. Que Tiodoro parte de suite, conduit de brigade en brigade et solidement garrotté ; ce gaillard-là est plus à craindre qu'on ne pense ; c'est du feu qui a couvé sous la cendre.

— L'enchaîner comme un malfaiteur ! votre fils ! vous n'y songez pas ?

— Oui, dites-lui que c'est l'ordre ; il le croira et cela lui donnera un avant-goût des douceurs du métier. Si vous refusez, vous ne serez jamais mon gendre. J'ai dit.

Une demi-heure après cet entretien, M. X. aveuglé par sa passion pour Dianira, se rendit, accompagné d'un gendarme et d'un brigadier, à l'hôtellerie ; il fit appeler Teodoro qui, se trouvant dans sa chambre au premier étage, descendit promptement. En voyant plusieurs gendarmes, il leur demanda de quoi il s'agissait.

— De partir de suite, répondit M. X., mon lieutenant m'a grondé de vous avoir, contre les réglements, accordé un délai de 48 heures.

— C'est bien, messieurs, je suis prêt, j'étais même occupé à préparer mon sac. Ce remplaçant *maladetto*, que j'ai encore vu ce matin, est entêté comme une mule, il n'y a pas moyen de nous entendre. Un quart d'heure et je suis à vous.

Teodoro redescendit au bout de dix minutes, le sac sur le dos. Après avoir embrassé sa mère et sa sœur, il partit en compagnie des gendarmes avec qui il s'entretint amicalement. A la sortie de Vico, il allait prier les gendarmes de ne pas l'accompagner plus longtemps, quand le maréchal-des-logis lui dit :

— Vous devez être enchaîné et conduit de brigade en brigade jusqu'à Ajaccio.

— C'est sans doute une mauvaise plaisanterie, répliqua Teodoro indigné. Je ne suis ni un déserteur, ni un criminel pour être ainsi malmené.

— Nous ne plaisantons pas nous autres; c'est notre service qui l'exige.

— Allons! M. X., je ne fais pas de résistance, bien qu'il me serait facile de lutter contre vous trois sans en mourir. Mettez-moi donc vos menottes M. X., mais sachez bien une chose: gardez-vous; je me garderai (1).

Après avoir remis Teodoro à la brigade voisine, les gendarmes de Vico s'en revenaient, il faut l'avouer, un peu honteux de leur action. Le maréchal-des-logis surtout était inquiet et avare de paroles. Le brigadier tenta de dissiper les inquiétudes de son chef. Ne vous effrayez pas trop, dit-il, de la menace de Teodoro. Le bataillon d'Ajaccio doit

---

(1) Ce sont les termes ordinairement employés par les Corses qui se déclarent en *vendetta*.

être envoyé dans la quinzaine sur le continent. Prévenez le commandant de place et Teodoro jusqu'au départ aura la ville pour prison. Autrement, votre vie serait exposée; ayant l'honneur d'être Corse, je connais les mœurs et le caractère de mes compatriotes.

Teodoro avait fait à pied sa première étape et la seconde dans une voiture escortée par des gendarmes. Arrivé au jour fixé, il fut incorporé dans un bataillon d'infanterie légère, et paya noblement ce qu'on appelle la bienvenue à ses camarades.

Le hasard voulut qu'il rencontrât dans sa compagnie même un fourrier son ancien condisciple.

Le jour suivant, les deux jeunes militaires, pour célébrer cette heureuse rencontre, avaient projeté un dîner à la campagne. Ils étaient sur le point de sortir de la ville, lorsque le chef du poste de la barrière s'opposa au passage de Teodoro qui, par ordre de la place, était consigné en ville.

Obligé de revenir sur ses pas, Teodoro en riait avec son compagnon, mais, malgré cette gaîté factice, il avait la rage dans le cœur. Un Corse en *vendetta* n'a l'esprit calme qu'après être parvenu à ses fins.

Le lendemain qui était un jour de sortie pour les étudiants en théologie, Teodoro, après avoir rasé ses moustaches, se présenta au grand séminaire, demandant à voir un élève du nom de Benedetti. Celui-ci eut de la peine à reconnaître sous l'habit militaire notre ex-séminariste qui, s'en étant aperçu, lui dit : J'ai donc bien mauvaise mine sous ce costume, puisque tu reconnais difficilement un ancien condisciple.

—Nullement, tu fais un beau soldat ; mais, outre ta tenue, qui change un homme, je ne te savais pas militaire, et tu comprends.....

— Je comprends que ce costume ne me va pas et je regrette l'autre ; aussi, te prié-je d'échanger ta soutane et les accessoires contre ma robe de chambre.

— Tu es fou, Teodoro, ou tu médites de noirs desseins.

— Du tout ; soldat depuis quelques heures, j'en suis dégoûté ; je veux déserter et passer en Sardaigne. Il me faut absolument ton costume.

— Je ne puis favoriser une désertion.

— Je le veux et de suite, surtout, aie soin de ne pas crier, je te percerais le cœur avec un stylet bien effilé.

— O Teodoro ! *Quantùm mutatus !*

Qui se serait attendu à cette violence de ta part !

Teodoro vêtu en ecclésiastique put sortir du séminaire sans que le concierge s'en aperçût. Quand Benedetti fut revenu de sa stupeur et qu'on eut averti l'autorité militaire, notre jeune soldat avait gagné du terrain. Après avoir marché toute la nuit par des sentiers détournés fréquentés par les bergers seuls et les chèvres, il était arrivé non loin de Vico; vers onze heures du matin, il était entré dans la hutte d'un berger ami de sa famille. Là il déposa la soutane de Benedetti pour endosser l'habit de paysan corse avec la *carchera* (1) obligée.

Le même jour à 3 heures après-midi, le maréchal-des-logis X. écrivant une lettre dans son logement, au rez-de-chaussée, devant une fenêtre qu'il avait ouverte à cause de la chaleur, tombait blessé à mort; une balle lui avait traversé les deux poumons. Les gendarmes accourus au bruit de l'arme à feu, ne relevèrent plus qu'un cadavre. L'assassin avait disparu; quant à le découvrir, c'eût été une rude tâche; tout en reconnaissant

---

(1) La *carchera* est une large ceinture en cuir, garnie sur le devant de deux vastes poches.

avoir entendu le bruit d'une arme à feu, les gens déclarent n'avoir vu personne. Les enfants même seraient interrogés vainement ; les parents, dans la crainte des *vendette*, leur ont appris de bonne heure à se taire. Néanmoins, la gendarmerie qui se doutait avec raison quel était l'auteur de cet infâme assassinat, vit bientôt ses soupçons changés en certitude en recevant l'ordre d'arrêter, comme déserteur, le jeune soldat Teodoro Poli.

En effet, l'assassin de l'infortuné X. n'était autre que Teodoro qui venait de *prendre la campagne* et de se mettre en révolte contre la loi, jusqu'à ce qu'il tombât sur le *champ de bataille*. Il informa sa sœur et son cousin dans quel maki (1) il était retranché, et sa bonne sœur fut la première au rendez-vous, avec des vivres et de l'argent. La manière avec laquelle il la reçut montre où peuvent conduire le faux point d'honneur et la soif de la vengeance. Comme Dianira versait des larmes sur le sort de son frère et peut-être aussi sur la mort de son fiancé : A quoi bon, dit-il,

---

(1) Espèce de bruyères assez élevées rappelant les genets de la Vendée.

ces pleurnicheries ? Quelle est cette péronnelle ? Ne devais-je pas châtier un mauvais Français qui m'avait déshonoré ?

— Le malheureux n'en avait pas l'intention ; il n'avait cédé qu'aux instigations de notre père.

— Tu voudrais, je crois, justifier ton amoureux ? Prends garde. Aurais-tu par hasard.... tu me comprends.... déshonoré la famille ?

— Quelle idée, Teodoro !

— Nous verrons ; si tu t'es laissé séduire, je te préviens que j'ai dans ma *carchera* quatre-vingts cartouches à ton service et que je ne vise pas à côté du but. Au revoir.

Teodoro, après avoir si durement congédié sa sœur, ne tarda pas à recevoir la visite du cousin problématique. Les premiers mots de ce dernier furent des compliments à Teodoro sur sa *belle* action, et lui serrant la main, Bravo, caro mio, tu es un Corse de vieille race, affaire à toi pour expédier les gens.

— Bah ! bagatelle ! tu en verras bien d'autres.

— Diavolo ! je l'espère ; ton début promet, mais, ce qu'à Dieu ne plaise, si tu tombais dans le malheur, rapelle-toi que tu as en moi un ami dévoué.

— Tu m'en as donné des preuves ?

Et je t'en donnerai encore : je t'ai offert de 1,800 à 2,000 fr. pour un remplaçant ; aujourd'hui j'en ai 5,000 à ta disposition.

—Bien! moi aussi je te reconnais pour un Corse de noble souche. Ces offres généreuses ne sont pas de refus. Adieu ! il me faut partir pour le Niolo afin de me joindre à Galochio et à d'autres dont je suis devenu le compagnon d'armes.

La *piève* du Niolo où Teodoro espérait trouver son salut est de préférence la retraite des bandits. Le sol y est très-accidenté : outre les makis, le terrain est boisé en certains endroits ; dans d'autres, s'élèvent des rochers à pic, et à l'abri derrière les anfractuosités, un bandit d'une audace très-ordinaire peut défier une brigade de gendarmerie.

Les braves militaires de cette arme, recrutés dans l'élite des régiments, poussent quelquefois le courage jusqu'à la témérité ; c'est ce qui causa la perte d'une brigade de Sartène qui fut surprise et lâchement assassinée par une bande nombreuse dont Teodoro avait été proclamé le chef.

Il n'était pas facile d'établir une espèce de discipline au milieu de telles gens, cependant Teodoro y parvint. Les bandits, entretenus par leurs parents et leurs amis, ne se livrent point au vol qu'ils regardent comme le plus grand déshonneur, et un misérable de la bande ayant dévalisé un marchand qui revenait de la foire de Bastia, fut immédiatement passé par les armes, sur les ordres du chef dont il avait usurpé le nom.

Fier de commander à des brigands que cette exécution capitale avait rendus plus souples, Teodoro prit le titre pompeux de commandant de la Montagne; il se flatta que la force armée ne pourrait jamais le réduire; mais, après avoir erré de part et d'autre pendant une année, il se trouva dans une position très-critique : sa bande, dans une rencontre où l'on eut à regretter trois valeureux gendarmes, avait perdu une douzaine d'hommes, et le chef, avec quatre bandits, se vit cerné presque de tous les côtés.

Teodoro et le reste de sa bande eussent été infailliblement pris ou tués sans l'assistance de leurs amis. Ceux-ci qui les prévenaient des moindres démarches de la gendarmerie, assurèrent qu'ils ne sauraient résister longtemps, la seule issue par laquelle ils pussent s'échapper, devant être bientôt fermée. Ils leur offrirent de l'argent et de faux papiers, afin qu'ils allassent s'embarquer au port de l'Ile-Rousse sur un bâtiment en partance pour Malte. De là, on les engageait à se diriger sur la Grèce pour soutenir dans leur lutte les Hellènes qui venaient de secouer le joug de la Turquie.

Teodoro, soit qu'il désespérât de son salut, soit qu'ennuyé de sa vie de bandit et agité par les remords, il crût effacer en combattant pour une noble cause une année de crimes, accepta, ainsi que son lieutenant Galochio, la proposition avec joie.

Teodoro, transplanté en Grèce, se dépouilla de tout ce qui aurait pu faire soupçonner en lui un ancien bandit. Comme un autre Alcibiade, il s'était plié aisément aux usages du pays et il en eut bientôt appris la langue.

Dans les engagements journaliers qui avaient lieu entre les Grecs et les Turcs, Teodoro eut bientôt l'occasion de déployer sa valeur. Dès la première affaire, un des plus acharnés au feu, il avait gagné la décoration avec les galons de sergent. Dans la seconde, il avait obtenu l'épaulette et peu après le grade de capitaine. Il était sur le point de passer officier supérieur et l'on ne sait où se serait arrêtée sa carrière militaire, quand un malheureux incident vint l'interrompre.

Le facteur de la poste apporta un matin à Teodoro, qui s'entretenait avec Galochio, une lettre timbrée d'Ajaccio. Voyant un cachet noir, Teodoro, superstitieux à l'instar de beaucoup de ses compatriotes, fut saisi d'un funeste pressentiment et décacheta la missive d'une main mal assurée. Comme il pâlissait en la lisant, Galochio, inquiet à son tour, désira de suite en connaître la teneur. — Parbleu! dit Teodoro, tu peux bien t'en douter. Ces Corses sont incorrigibles, ils s'assassineront toujours pour des minuties. Ce cher cousin, qui avait mis à ma disposition plus que sa vie, sa bourse, a eu dans une querelle la tête cassée d'un coup de pistolet.

— C'est un grand malheur; c'était un digne homme; mais qu'y faire? Quand tu t'affligerais, quand tu verserais même des larmes, ces larmes le rappelleraient-elles à la vie?

— Non; mais mon devoir est de partir pour le venger.

— Allons donc! laisse cette besogne

aux gendarmes qui ne s'en acquittent pas si mal. Tu as ici une position brillante et qui peut le devenir davantage. Crois-moi, ne retourne pas en Corse où tu ne ferais pas de vieux os (1).

— Si, Diavolo ! Il ne sera pas dit que mon cousin soit mort sans être vengé.

Teodoro s'embarqua sur le premier bâtiment en destination d'Italie et arriva par un vent favorable à Livourne. Les communications entre ce port et la Corse étant très-fréquentes, Teodoro revit le sol natal plus tôt qu'il ne l'espérait. Il n'écrivit ni à sa sœur, ni à son père ; le plus pressé pour lui était d'accomplir sa vengeance, et l'assassin du cousin, qui avait pris la campagne, ne se tenait point en garde contre Teodoro qu'il croyait toujours en Grèce ; aussi, fut-il frappé mortellement par un homme qu'il n'avait pas reconnu, ou qu'il supposait chasseur, sinon bandit comme lui.

Teodoro recommença donc sa vie de bandit; mais les circonstances n'étaient plus les mêmes : sa bande, à l'exception de deux ou trois qui s'étaient réfugiés

---

(1) Galochio, qui donnait alors de si bons conseils à Teodoro, alla deux ans plus tard et pour les mêmes motifs se faire tuer en Corse.

Chassez le naturel, etc.

en Sardaigne, avait été exterminée. Les gendarmes, instruits de la réapparition de l'ancien bandit, le traquèrent comme une bête fauve; ils ne se reposèrent ni jour, ni nuit, et leurs efforts furent couronnés de succès, grâces à un renseignement précieux qu'ils recueillirent : Un parent ou un ami de la dernière victime de Teodoro n'ayant osé déclarer la *vendetta* à un homme aussi redoutable, encore moins l'attaquer ouvertement. l'avait suivi pas à pas, et il avait appris de source positive que le terrible bandit, miné par une fièvre violente, était alité dans la hutte d'un berger. Sans rougir du métier de délateur qui fut toujours le plus vil et un crime irrémissible aux yeux de ses compatriotes, ce Corse dégénéré alla en donner avis à une brigade de Corte placée en embuscade. — Il ne tient qu'à vous, leur dit-il, de vous emparer de Teodoro, ou de l'*ammazare* (1).

— Qui es-tu, l'ami, pour nous donner un tel renseignement, répondit le brigadier ?

— Le cousin du malheureux que Teodoro a assassiné à son retour de Grèce.

— Bon! mais es-tu sûr de ce que tu

(1) Tuer.

avancés ? car c'est un gibier qu'il n'est pas facile d'atteindre.

—Si j'en suis sûr, Diavolo ! je le crois bien ; il est depuis deux jours malade à ne pouvoir remuer dans la cabane du berger Brunetti.

— Es-tu certain aussi qu'il soit seul ! On parle de cinq ou six mauvais drôles qui auraient abandonné la Sardaigne pour se rallier à leur ancien chef.

— Bien pensé, mon brigadier, ajouta un gendarme. Le courage ne manque pas ; mais il ne faut pas se faire tuer bêtement. Rappelons-nous le sort d'une brigade de Sartène.

— Bah ! répliqua un autre militaire mieux avisé, en s'adressant au délateur : tu vas marcher devant et nous conduire ; au moindre signe de trahison, nous te cassons la tête.

— Je suis prêt, messieurs, partons.

Cependant cet entretien à voix basse et que l'on croyait très-secret, avait eu un témoin auriculaire caché dans un maki : c'était le fils du berger Brunetti, jeune homme de seize ans, qui courut prévenir Teodoro : — Capitaine, vous êtes trahi. J'ai tout entendu. Les *cognards* vont venir. Sauvez-vous ; je vous aiderai.

— Diavolo! me sauver! Si je pouvais me tenir! Les cognards sont-ils nombreux? Tu ne réponds pas... cette question de ma part te surprend; si j'étais en bonne santé, je ne te l'aurais pas adressée. Je te le répète, combien sont-ils?

— cinq ou six au plus.

— Pas davantage! Ah! sans cette fièvre *maladetta*, comme je règlerais leur compte! N'importe, je vendrai chèrement ma vie. Si je succombe, ne m'oublie pas dans tes prières. Souviens-toi de ton bon ami Teodoro; si jamais tu recevais un affront, sache, à mon exemple, te venger en digne Corse et te défendre jusqu'à la mort pour ne pas périr sur l'échafaud comme un vil criminel. Passe-moi mon fusil et ma *carchera*.

Teodoro avait à peine prononcé ces derniers mots, que les gendarmes avaient cerné la cabane avec toutes les précautions possibles, parce qu'ils désiraient se saisir du bandit vivant; mais celui-ci les aperçut. N'ayant point le temps de prendre sa *carchera*, il s'élança presque en chemise et armé de son fusil par la fenêtre et fit feu de ses deux coups. Au premier, tomba le dénonciateur pour ne plus se relever ; le second coup ne causa, fort heureusement, qu'une légère blessure à un des militaires. Les gendarmes ayant riposté, l'étendirent raide mort. Il avait reçu une balle à la tête et deux dans la poitrine.

Telle fut la fin d'un homme qui aurait pu devenir un personnage distingué, s'il eût fait un noble usage des brillantes qualités dont l'avait doté la nature.

HUITIÈME ÉPISODE.

LE SEPTIÈME LÉGER.

Lorsque M. Benigni eut terminé son récit, au grand applaudissement de ses auditeurs, un autre sous-officier corse, le sergent Antonini, prenant la parole dit : Notre lieutenant M. Benigni vous a peint fidèlement et en quelques lignes les mœurs de mes compatriotes. Vous avez vu que le point d'honneur mal compris enfante la plupart des meurtres et des assassinats qui ensanglantent notre île. Vous avez remarqué aussi, que les parents et les amis, au lieu d'intervenir en qualité de pacificateurs, excitent au contraire les gens du caractère le plus inoffensif à la vengeance. Notre pays, comme on vous l'a fort bien dit, aurait pu enfanter plus d'un héros si l'homme savait toujours faire un noble usage des facultés que la nature lui a données, et à propos de héros, je veux vous raconter un épisode de la vie du plus grand capitaine dont la Corse se glorifie à juste titre :

L'année 1793 venait de s'ouvrir ; on était en pleine révolution ou plutôt sous le régime de la terreur. Les armées ennemies menaçaient les frontières de la France déjà en partie entamées ; et, si notre pays ne devint point la proie de l'étranger, on le doit à l'énergie de la Convention nationale. Cette assemblée dont nous n'avons pas ici à apprécier les actes, s'empressa de faire de tous côtés face au danger. Bravant les ennemis du dehors, elle ne cessa d'observer de son œil vigilant les projets et les menées de ses ennemis de l'intérieur, Parmi ces derniers, le Corse Pascal Paoli attira surtout son attention. Celui-ci rentré dans son pays peu après 1789, y acquit bientôt le même crédit dont il avait joui précédemment. Soit qu'indigné des excès de la révolution et qu'il voulût y arracher la Corse, soit qu'à la faveur des troubles de la mère-patrie, il aspirât à la souveraineté de l'île, toujours est-il qu'il devint suspect à la Convention et fut mis hors la loi. Ainsi traité par l'assemblée, Paoli par vengeance, ou croyant de l'intérêt de son pays et du sien propre, d'invoquer l'appui d'une puissance étrangère, s'adressa au cabinet de Saint-James, et bientôt une armée anglaise débarqua dans l'île.

La conduite de Paoli excita contre lui la haine de ses compatriotes dont la plupart étaient attachés à la France. Un jeune lieutenant d'artillerie en permission à Ajaccio, lieu de sa naissance, ne craignit même pas d'exprimer tout haut son indignation. Cet officier qui devait plus tard remplir le monde de son nom n'était autre que Napoléon Bonaparte (1).

Paoli ne tarda pas à être instruit de l'opinion de Bonaparte sur son compte.

---

(1) On lit dans quelques historiens que Paoli était le parrain de Napoléon. C'est une erreur ; il fut tenu sur les fonts baptismaux par Lorenzo Giubega de Calvi, alors procureur du roi à Ajaccio. Le registre des actes de baptême que chacun peut consulter sur les lieux ne laisse aucun doute.

Le curé d'Ajaccio a écrit tantôt Bonaparte et tantôt Buonaparte, ce qui est assez insignifiant, parce qu'on écrivait autrefois en italien buona, sans cesser pour cela de prononcer bona.

Connaissant le caractère opiniâtre du jeune lieutenant dont il avait prévu les hautes destinées, il voulut se débarrasser de lui, et donna l'ordre de l'arrêter sur-le-champ. Mais si Paoli avait ses émissaires, notre lieutenant avait des amis. A peine l'ordre fut-il donné qu'il en eut connaissance. Sans réfléchir longtemps, il jugea avec ce coup-d'œil d'aigle qui le caractérisa dans la suite, que son unique voie de salut était Calvi (1). Malgré la distance et les dangers, il lui fallait atteindre cette place, la seule qui fût restée au pouvoir des Français et où s'étaient embarquées trois mois auparavant sa mère et ses sœurs.

Cependant, pour se rendre à Calvi situé à plus de vingt lieues d'Ajaccio et

---

(1) La citadelle de Calvi, le Gibraltar de la Corse, est située sur un rocher de granit assez élevé. Les Corses en guerre pendant des siècles avec les Génois n'ont jamais pu s'emparer de cette place. Dans la haute ville, autrement dite la citadelle, sont l'hôpital militaire, les casernes, la sous-préfecture, le tribunal et les logements des divers employés du gouvernement. Le faubourg ou ville basse, dans la plaine contiguë à la mer est habité par les marins et les marchands. Le port de Calvi, qui peut abriter les plus gros vaisseaux de guerre, est spacieux et commode. On peut y rentrer et en sortir par tous les vents possibles.

échapper aux Anglais qui parcouraient la Corse en tous sens, Napoléon avait besoin d'une escorte et d'un guide fidèle, surtout dans un pays où il n'y avait aucune route tracée. Il résolut de se confier à un nommé Marmora, homme d'une cinquantaine d'années et ancien berger au service de sa famille.

Napoléon avait bien placé sa confiance. Le brave Marmora, en apprenant le danger auquel était exposé l'officier, s'écria : « Comment ! *Quel coglione* Paoli veut faire arrêter le fils de mes bienfaiteurs ! *Aspettate un po, datemi u tempo di suna il mio cornetto di pastu per chiama gli amici, poi vederemo* (1).

Deux heures après, vingt-cinq paysans, le fusil en bandoulière, et la *carchera* pleine de cartouches, se rendaient à l'appel de Marmora. Le futur héros, en petite tenue d'officier d'artillerie et muni d'un léger porte-manteau, prit avec eux la route de Calvi, si l'on peut donner ce nom à des sentiers détournés, frayés seulement par les bergers et les chèvres.

---

(1) Mots corses qui signifient : Attendez un peu, donnez-moi le temps de sonner de mon cornet de berger pour appeler les amis, et nous verrons.

Les voyageurs, après avoir marché depuis midi jusqu'à la nuit, soupèrent dans un bois et s'y reposèrent quelques heures, en faisant bonne garde. Le lendemain de grand matin, ils se remirent en route et traversèrent la chaîne de montagnes qui sépare l'ancien département du Liamone de celui du Golo. Quelques heures de marche les conduisirent sans accident à deux lieues environ de Calvi. Alors Napoléon, ne jugeant plus son escorte nécessaire, voulut la congédier, en lui adressant les remercîments dont elle était digne. Ces braves Corses s'y refusèrent d'abord à l'unanimité; mais sur une observation du lieutenant, qu'il ne pouvait se tromper de chemin et que seul il serait moins remarqué de l'ennemi, ils cédèrent bien à regret à ses désirs.

Notre officier continua seul sa route aussi hardiment que s'il eût eu une connaissance parfaite des lieux, et il se croyait pour ainsi dire parvenu à sa destination, quand il aperçut sur sa droite une colonne d'habits rouges : Diavolo! dit-il en lui-même, est-ce que j'irais faire naufrage au port? Aussitôt il obliqua sur la gauche où les chemins étaient presque impraticables. Enfin il pénétra avec peine dans un petit vallon et s'enfonça dans des *makis* hauts et épais; il marchait très-lentement et ne savait au juste quelle direction prendre, lorsqu'ayant avancé d'une trentaine de pas, il se trouva dans une éclaircie et vit un paysan occupé à lier un fagot de bois. C'était un jeune homme de vingt ans, revêtu d'habillements en laine grossière et coiffé d'un bonnet de même étoffe, avec l'inévitable *carchera* autour du corps. Sa figure annonçait un air de franchise qui plut d'abord au futur empereur et l'engagea à s'adresser à lui : Suis-je encore loin de Calvi ?

—Signor, no, à une demi-lieue au plus. Regardez ce monticule, là devant nous à cent cinquante pas, à-peu-près, eh bien! de ce lieu on découvre Calvi. Du reste, je suis habitant de cette ville et il vaut mieux que je vous accompagne; je connais mieux les chemins et, seul, vous pourriez tomber entre les mains des Anglais qui rôdent aux alentours. Accordez-moi seulement deux minutes pour lier mon fagot et je suis à vous.

—Bien! mais puis-je me fier à toi? reprit Napoléon en portant instinctivement la main sur la garde de son épée.

— Sono Corso anche Io (1), dit le jeune paysan qui s'était mis à sourire, en voyant le mouvement de l'officier à qui il montra une paire de pistolets. Mais *basta*, continua-t-il, parlons d'autre chose : Quelles que soient vos opinions politiques, j'ai promis de vous accompagner et je tiendrai ma parole.

— J'accepte ta proposition avec plaisir, mon brave. Tu voudras bien me pardonner un soupçon assez légitime dans les moments de troubles où nous sommes.

Trois quarts d'heure à peine s'étaient écoulés que Napoléon était sans avoir aperçu un seul Anglais dans le faubourg de Calvi. Il remercia son guide fidèle et lui offrit un louis pour sa peine.

— Pour qui me prenez-vous, dit le paysan, rouge d'indignation ?

Pour un brave garçon, mon ami. Je sais bien que tu ne m'as pas rendu service pour de l'argent. Aussi, te prié-je d'accepter ce louis pour m'obliger et comme souvenir. Le jeune Corse s'y refusant toujours, Napoléon ajouta : Que diable ! laisse donc l'amour-propre de côté ; nous ne sommes pas riches nous autres Corses ! cependant mon grade

---

(1) Je suis Corse aussi.

d'officier me permet de laisser un souvenir à un brave compatriote moins fortuné.

Le paysan, moitié de gré, moitié de force, accepta la pièce d'or. Napoléon prit congé de lui et s'achemina vers la citadelle ; mais il se retourna bientôt après pour rappeler son guide et lui demander son nom.

— Napolino, mon officier.

— Napolino ! c'est singulier ! et moi Napoleone. Je n'ai pas besoin d'écrire ton nom pour m'en souvenir. Dans dix ans, ne manque pas de venir me voir à Paris ; j'y serai haut placé et j'aurai soin de toi (1).

Napolino ne fut pas aussi sensible à ces paroles de l'officier, qu'il ne l'était au don de la pièce d'or. Le pauvre jeune homme qui, de sa vie, ne s'était vu aussi riche, ne fut pas fâché intérieurement d'avoir quelque argent pour se divertir les jours de fêtes avec ses camarades.

Napoléon arrivé à la citadelle, au lieu d'aller présenter ses respects au général

---

(1) Les grands hommes ont eu en quelque sorte le pressentiment de leur élévation future. L'Empereur Napoléon III, quoique trahi deux fois par la fortune, n'a jamais douté qu'il ne fût appelé au trône de France.

gouverneur, prit dans un portefeuille, du papier, un crayon et se mit à esquisser un plan de la forteresse ; mais il n'eut pas le temps d'achever sa tâche. Le général qui par hasard s'était mis à la croisée, l'aperçut et envoya un aide-de-camp ordonner à l'officier dessinateur de se rendre aux arrêts.

Napoléon était tellement absorbé par son travail, qu'il n'entendit pas les paroles de l'aide-de-camp qui fut obligé de les répéter sur un ton plus haut et plus militaire. A cette apostrophe vive, Napoléon levant la tête, répondit fièrement : officier français et dévoué de tout cœur à la France, il serait curieux qu'après avoir échappé avec peine à Paoli et aux Anglais, je fusse incarcéré dans la seule place restée en notre pouvoir.

—En effet, dit l'aide-de-camp, ce serait assez dur et je tâcherai de vous servir auprès du général. Seriez-vous assez bon pour me dire votre nom et le lieu de votre naissance ?

—Napoléon Bonaparte, d'Ajaccio, lieutenant d'artillerie au régiment de Lafère (1).

— Bonaparte ! Seriez-vous un frère de Joseph ?

(1) Ce régiment a pris plus tard le n° 4.

— C'est mon aîné.

— *Viva, va bene !* Au diable les arrêts. Je suis l'ami intime de Joseph. Venez, que je vous présente à notre brave général M. Casabianca. Vous devez être fatigué et surtout avoir un appétit....

—Je n'en manque pas, certes. Cet air vif des montagnes que j'ai traversées n'est point fait pour l'ôter et un bon dîner....

— *Ho capito*. Laissez-là vos dessins. Vous dînerez avec le général et moi ; ensuite vous vous reposerez et le lendemain, vous pourrez crayonner et dessiner tout à votre aise.

Le général Casabianca, ainsi que l'avait prévu l'aide-de-camp, invita Napoléon à sa table et le complimenta sur sa fidélité à la France. On s'entretint beaucoup des événements du jour en déplorant le sort de la Corse au pouvoir des Anglais. Il ne nous reste que cette place, dit M. Casabianca, et je ne suis malheureusement pas en état de la défendre.

— Comment ! mon général, s'écria Napoléon, une place aussi forte! donnez-moi seulement deux cents artilleurs et je vous promets que messieurs les Anglais recevront une leçon qui leur ôtera l'envie de recommencer.

— Deux cents artilleurs ! Je n'ai pas d'infanterie et j'ai au plus vingt canonniers garde-côtes, la plupart incapables de faire le service.

— Ainsi vous êtes un général sans soldats ? Oserais-je vous demander quels sont vos projets ultérieurs ?

— Ma foi, puisque la défense est de toute impossibilité, c'est de m'embarquer avec ma famille, les employés et les personnes restées fidèles à la France, sur une corvette qui est entrée hier dans notre port. J'abandonnerai donc la place aux Anglais (1).

Le surlendemain Napoléon se rendit à bord de la corvette et débarqua à Marseille sans avoir aperçu un seul bâtiment de la flotte anglaise. On sait que plus tard il eut le même bonheur sur la frégate la *Muiron*, à son retour d'Egypte. Qui se serait douté qu'en 1815 ce grand homme serait forcé de se livrer à ces

---

(1) Les Anglais entrèrent en effet dans Calvi de la même manière qu'ils occupèrent, en 1815, Péronne *la Pucelle*, c'est-à-dire sans tirer un coup de canon.

mêmes Anglais auxquels il avait échappé deux fois si miraculeusement ! (1).

Nous ne suivrons point notre héros dans ses campagnes trop connues et nous arriverons à l'année 1803. Si Napoléon n'était pas encore empereur, il en avait à-peu-près la puissance, et c'était l'époque du rendez-vous qu'il avait fixé à son guide Napolino. Celui-ci était poussé par ses parents et ses amis à entreprendre le voyage de Paris. Comme on le croyait destiné à occuper un haut emploi dans la nouvelle cour, il ne manquait pas de flatteurs, on sollicitait déjà sa protection ; quelques-uns même pour lui être agréable offrirent de l'argent pour le voyage.

Malgré ces exhortations, Napolino ne voulut jamais se décider à partir. Ce n'est pas qu'il n'en eût le désir; mais, fier comme les Corses, en général, il craignit que Napoléon ne se ressouvînt pas de lui, et il redoutait à son retour les plaisanteries de ses compatriotes.

(1) On ne peut s'empêcher de remarquer ici un singulier et triste rapprochement. Les deux plus grands capitaines de leur temps, Paoli et Napoléon, Corses tous deux, sont morts, le premier en Angleterre, et le second dans une île malsaine appartenant à cette puissance.

Onze ans se sont écoulés depuis les événements que nous venons de raconter. Les rois, les éléments conjurés et aussi quelques traîtres avaient amené la chute du géant qui avait fait trembler l'Europe. On l'avait relégué à l'île d'Elbe, lieu bien étroit pour un si grand homme. Mais, comme un souverain de la taille de Napoléon sait embellir tout ce qu'il touche, Porto-Ferrajo et l'îlôt devinrent promptement un séjour agréable. L'Empereur même semblait s'y plaire avec son demi-bataillon dont chaque soldat était un héros.

Napoléon se levait toujours de bonne heure selon son habitude et après une petite promenade le matin, il se retirait dans son cabinet où il écrivait une grande partie de la journée. Ses vieux *grognards* pensaient que, nouveau César, il écrivait l'histoire de ses merveilleuses campagnes. Un jour qu'il travaillait avec plus d'ardeur peut-être que d'habitude, le grand maréchal Bertrand vint lui dire qu'un paysan Corse sollicitait l'honneur de voir Sa Majesté.

— Quel est son nom ? demanda l'Empereur.

— Il n'a point voulu le dire.

— Alors, il est inutile d'insister ; je

connais l'entêtement des Corses. Faites-le entrer.

Napoléon qui s'était remis à écrire, leva la tête à l'entrée du paysan et dit : ah ! c'est toi, Napolino ! Pourquoi n'es-tu pas venu me voir dix ans après mon voyage de Calvi, comme je te l'avais recommandé ?

— Je craignais, Sire, que vous n'eussiez oublié un homme aussi obscur que moi.

— Je n'oublie pas facilement, tu le vois. Je regrette de ne pouvoir faire pour toi ce que j'aurais désiré. Je ne suis pas riche, mon brave, aujourd'hui que j'ai perdu mon trône.

— Pourquoi, Sire, attribuer à ma conduite des vues intéressées ?

— Que veux-tu, Napolino ; j'ai appris à connaître les hommes... Encore, si ceux que j'ai comblés de dons et de faveurs m'étaient restés fidèles.... Mais, revenons à toi : tu es un honnête garçon, Napolino, et j'aime à croire que le plaisir seul de me voir t'a conduit ici.

— Oh ! merci, mon empereur, pour les paroles consolantes que vous venez de prononcer. Si j'étais parti avec la certitude qu'on me soupçonnât mu par l'intérêt, j'en serais mort de douleur.

Napolino sortit les larmes aux yeux du cabinet de l'Empereur, et il allait se rendre à bord de la tartane qui l'avait amené, lorsque le grand-maréchal le fit passer dans une antichambre et le pria de l'y attendre quelques instants.

Le grand-maréchal rentra bientôt accompagné d'un secrétaire qui offrit à Napolino un billet de banque de 40 mille francs. Comme le Corse hésitait à l'accepter, le maréchal Bertrand lui dit : prends-le, mon brave; autrement, ce serait offenser l'Empereur. Il connaît ton excellent cœur et veut qu'un homme comme toi soit à l'abri du besoin.

Cette somme de 40 mille francs était une fortune, du moins en Corse où la vie n'était point chère. Mais, pour être véridique, nous devons affirmer qu'elle causa moins de joie à Napolino que l'honneur d'avoir vu le vainqueur d'Austerlitz et de lui avoir parlé.

NEUVIÈME ÉPISODE.

LES CUIRASSIERS. [1]

Le rôle départi à la cavalerie a été le plus souvent secondaire. Les plus grands conquérants de l'antiquité, Alexandre et César, ont dû leur succès à l'infanterie. La phalange macédonienne avait quelques rapports avec nos bataillons carrés d'aujourd'hui. Les célèbres légions romaines étaient composées de fantassins avec très-peu de cavaliers. César se diri-

[1] On les appelait, sous le premier Empire les *récureurs de marmites*.

geant contre Arioviste et voyant la terreur répandue parmi ses troupes dit, pour relever leur courage, qu'il marcherait seul contre les Germains avec sa 10e légion.

Sous l'ancienne monarchie, les Anglais ont occupé une grande partie de la France, grâces à une bonne infanterie dont nous étions dépourvus.

Dans le siècle dernier, et au commencement de celui-ci, Frédéric et Napoléon Ier ont gagné des batailles avec l'infanterie seule. Si l'artillerie y a contribué, du moins la cavalerie n'y a pris aucune part.

Cependant, si l'infanterie, abstraction faite du nombre, rend plus de services que la cavalerie, celle-ci, par contre, peut tirer un grand profit d'une victoire. Napoléon Ier après la bataille de Dresde, aurait, avec de la cavalerie repoussé l'ennemi jusqu'à la Vistule, et faute de cette arme, il perdit le fruit de ses victoires en Saxe.

Si les cavaliers ne rendent pas autant de services que les fantassins, les cuirassiers en rendent encore moins que les autres corps de cavalerie. Placés en réserve, ces soldats d'élite ne chargent que dans les circonstances les plus critiques, comme à la Moskowa, lorsqu'ils ont enlevé la grande redoute.

— Nos braves cuirassiers sont les seuls qui en Crimée n'aient point reçu le baptême du feu. Officiers et soldats pestaient à qui mieux mieux, surtout un jeune capitaine qui avait permuté pour faire campagne. Sa mauvaise humeur s'accrut encore, en recevant un jour la visite d'un ami chef de bataillon aux tirailleurs algériens. Cet officier, parti pour la Crimée avec le grade de capitaine, avait gagné, outre son épaulette de commandant, la croix d'officier de la Légion-d'Honneur, et le capitaine de cuirassiers ne put s'empêcher de lui dire : Tu es heureux, de Blenheim. A ton âge, commandant et officier de la Légion-d'Honneur! tandis que moi...

— Patience, de Richecourt! tu es jeune; ton tour viendra. Ta bravoure est connue, que diable! mais il faut avoir les occasions. Qui te dit que cela n'arrivera pas?

— J'en désespère; ces maudits Russes ne veulent pas descendre dans la plaine. Tiens! allons dîner. Nous ferons mieux.

De Blenheim dîna avec le corps d'officiers et se fit remarquer par sa conversation instructive et intéressante. Comme il avait un accent étranger très-prononcé, les officiers de cuirassiers après son départ prièrent leur collègue de Richecourt de raconter la vie du commandant.

— Volontiers, camarades, répondit le capitaine de Richecourt. Alphonse Karr nous a donné l'histoire de *Fort en thême* et je ne vois pas pourquoi je ne vous donnerais pas, moi, celle de *Faible en thême*. Je commence :

Le 15 mai 1820 tout était en émoi dans le château d'un comte de Blenheim, situé à trois lieues environ de Vienne en Autriche. Les domestiques des deux sexes étaient tous occupés, les uns à frotter les appartements, les autres à faire les apprêts d'un splendide repas qui devait se donner le lendemain à l'occasion du baptême d'un jeune comte. La mère de cet enfant, stérile à partir de l'époque de son mariage qui remontait à douze années, avait depuis une quinzaine de jours un héritier bien constitué et bien portant. La joie des deux époux était d'autant plus grande qu'ils avaient perdu tout espoir, et il n'est point surprenant qu'ils aient voulu convier à un grand festin, outre le parrain et la marraine, leurs parents et leurs amis

En Autriche, les personnes qui reçoivent des invitations ne croient pas que ce soit du bon genre de se faire attendre; à l'heure et au jour indiqués, ducs, comtes, barons et chevaliers, se voyaient réunis à une table qui n'eût pas été mieux servie pour la naissance d'un prince impérial. Nous n'avons point à retracer ici la physionomie de ces bons et francs gentilshommes; un seul parmi les convives, un monsieur Dumm n'était point noble; mais comme c'est un des principaux personnages de notre histoire, il nous faut en quelques mots esquisser son portrait : M. Dumm était un homme qui approchait de la cinquantaine. Reçu docteur en philosophie à l'âge de 30 ans, il avait été nommé sous-directeur d'un gymnase (1) de Vienne, poste qu'il occupait encore. Au physique, le docteur était d'une stature au-dessous de la moyenne, avec des cheveux blonds grisonnants, une ronde et grosse figure germanique. A l'inspection du front et des traits du visage, un disciple de Gall ou de Lavater eût dit : « Votre docteur n'est qu'un homme fort ordinaire. » Au moral, M. Dumm,

(1) Ecole secondaire.

bon et honnête au fond, était plus infatué de ses titres de docteur et de sous-directeur qu'une chanoinesse allemande de ses seize quartiers de noblesse. Un régent qui par inadvertance aurait, pour nous exprimer comme les hommes de loi, dit, *en parlant à sa personne*, monsieur Dumm, au lieu de M. le sous-directeur, se serait attiré une haine implacable et peut-être une destitution. Bref, le docteur tenait tellement à ses titres que, pendant le repas, la conversation étant tombée sur les poésies de Hans Sachs, le docteur interpellé de dire son opinion répondit : Der Teufel! de quoi vous occupez-vous donc ? d'un cordonnier, d'un détestable rimailleur qui n'était même pas bachelier ès-arts.

Cependant, le docteur, malgré ces travers de pédant, de cuistre de gymnase, avait su gagner la confiance de la comtesse de Blenheim dont le mari, pour parler ou agir, attendait le signal. En lui présentant le nouveau-né, elle dit : Puisse Dieu conserver la vie à cet enfant! Nous vous le confierons, docteur, et vous en ferez un homme digne de ses glorieux ancêtres.

— Oui, madame la comtesse, répondit M. Dumm; puisse-t-il vivre ! Il annonce déjà un homme de génie, car

Incipit ille puer risu cognoscere matrem (1).

Tous les assistants rirent *in petto* de ces mots latins, excepté la comtesse, qui à l'instar de beaucoup d'hommes du monde, trouva cette citation d'autant plus belle qu'elle ne la comprenait pas.

Les convives se séparèrent enchantés de la manière avec laquelle le comte ou plutôt la comtesse leur avait fait les honneurs de sa maison, en souhaitant que le jeune comte baptisé du nom de Maximilien eût autant d'esprit que ses parents et en fît le même usage, c'est-à-dire qu'il donnât de bons dîners.

Les premières années du jeune comte se passèrent à-peu-près comme celles de la plupart des enfants. Après avoir sucé pendant deux ans un lait étranger, il fut remis entre les mains de gouvernantes à qui il attira beaucoup d'ennui et de reproches de la part de sa mère; car la comtesse, d'un caractère trop faible pour ce fils, exigeait que les domestiques cédassent à tous ses caprices.

(1) La plupart des membres du corps enseignant, en Autriche, sont des hommes de mérite aussi modestes qu'érudits, et M. Dumm en est une très-rare exception. Il faut voir ici la peinture d'un original et non la critique d'un corps qui a rendu et rend encore les plus grands services.

Lorsque Maximilien eut atteint sa septième année, l'instituteur du village fut prié de se rendre au château pour lui donner des leçons de lecture et d'écriture. Sous ce maître habile dont nous regrettons d'avoir oublié le nom, Maximilien, au bout de 18 mois, savait bien lire et passablement écrire. Madame la comtesse voyant les progrès de son fils, le laissa encore trois ans sous la direction de l'instituteur qui était bachelier ès-arts. Dans cet espace de temps, l'élève s'étant perfectionné dans sa langue maternelle, ainsi que dans les éléments du latin et du grec, ses parents se décidèrent à l'envoyer en pension au gymnase dont M. Dumm était le sous-directeur.

Maximilien fut jugé digne d'entrer dans la classe de 4ᵉ et dès le principe, il sut s'y maintenir; mais il se ralentit bientôt, s'il faut ajouter foi à ces observations jointes à son bulletin de fin d'année et écrites de la main du sous-directeur : M. Maximilien de Blenheim, qui dès le commencement de l'année donnait de belles espérances, néglige aujourd'hui complètement ses études. Tous les professeurs et les maîtres répétiteurs se plaignent de lui. Connaissant sa langue mieux que la plupart de nos bacheliers ès-arts (1), il est étonnant qu'il ait des places aussi mauvaises ; il est, sur 45 élèves, en version, le pénultième, rarement l'antépénultième ; en thème d'une faiblesse extrême, toujours l'*ultimus*. En grec, ce malheureux confond souvent l'esprit rude avec l'esprit doux. Il sera forcé de doubler (2) sa quatrième.

Ces notes défavorables et données avec si peu de ménagement, sur un enfant que l'on croyait un prodige, exaspérèrent d'abord la comtesse. Cette dame, quoique née sous le ciel germanique, avait dans le caractère une vivacité qui décélait plutôt une origine méridionale. Aussi sa colère eut une durée de quelques minutes. Elle caressa l'espoir que M. Dumm avait été trop sévère, ou que Maximilien bien jeune encore rattrapperait le temps perdu (3).

(1) Le docteur aurait pu ajouter et que certains maîtres ès-arts.

(2) Le docteur dit *doubler* et non *redoubler*. Malgré ses défauts, il connaissait sa langue : *Cuique suum*. Je vous en demande pardon.

(3) Si M. Dumm se fût trouvé présent et qu'elle lui eût communiqué ses idées, on aurait répondu : *fugit irreparabile tempus*. Le docteur n'était point courtisan ; c'est une justice à lui rendre.

Maximilien doubla sa quatrième et avec aussi peu de succès qu'auparavant, malgré des leçons particulières. Il se vit toujours placé au nombre des derniers élèves de sa classe jusqu'à ce qu'il eût terminé sa rhétorique, c'est-à-dire pendant quatre ans.

Maximilien venant d'atteindre sa 17e année était un bel et grand jeune homme qui, au physique, pouvait faire l'orgueil d'une mère; mais il lui fallait d'autres qualités. La comtesse avait un frère premier président de la Cour impériale de Prague et Maximilien était destiné à lui succéder. Or, l'étude du droit étant nécessaire et le diplôme de bachelier ès-arts encore davantage, la comtesse, pour stimuler son fils, crut devoir le traiter pendant les vacances avec un peu plus de froideur et de sévérité que de coutume : Tu n'es plus un enfant, Maximilien, lui dit-elle un jour, et nous ne sommes plus à l'époque où un gentilhomme se glorifiait de ne savoir pas signer son nom. Tu vas entrer en philosophie, et si tes progrès ne sont pas plus sensibles, tu n'obtiendras pas ton diplôme de bachelier.

— Je m'en passerai, ma mère.

— Comment! Monsieur, vous vous en

passerez ? Et le poste de premier président ?

— Sera occupé par un autre, madame. Je n'y suis point appelé, car l'étude du latin et du grec m'ennuie terriblement, puisqu'il faut vous le dire.

— Le latin et le grec vous ennuient, monsieur ! Vous voulez rire sans doute. Finissez cette mauvaise plaisanterie. Je prierai M. Dumm de vous donner des répétitions et tout marchera bien.

— Votre M. Dumm avec son latin et son grec est un fripier, un marchand d'habits et de vieux galons (1). J'en ai plus appris dans cinq mois sous l'instituteur de notre commune qu'au gymnase de M. Dumm pendant cinq ans.

— Vous êtes un insolent, monsieur, ne paraissez plus en ma présence. Vous retournerez chez M. Dumm et vous ferez votre philosophie. J'ai dit.

Maximilien rentra en effet au Gymnase où il finit comme il avait commencé. Cependant fils toujours docile, il affronta au mois d'août le formidable baccalauréat. Voici les résultats de son examen,

---

(1) Dans tous les pays, les élèves paresseux et fainéants ont l'habitude de mépriser ou de traiter de fadaises les branches d'enseignement auxquelles ils ne veulent point s'adonner.

d'après une lettre du docteur Dumm à la comtesse de Blenheim.

Madame la comtesse,

« Il faut que je vous annonce une catastrophe épouvantable et je ne sais comment ménager votre douleur maternelle..... *horresco referens*. M. le comte, malgré tous les soins que nous lui avons donnés, a échoué dans son examen. Sa narration latine était toute pleine de solécismes et de barbarismes. C'est, du reste, le sort de tous ceux qui comme lui ont été faibles en thème.

» Néanmoins, tout n'est pas désespéré. Veuillez, madame la comtesse, nous confier votre fils encore une année et il sera reçu avec éclat. Il a de l'esprit et du jugement. Je crois même qu'il serait bachelier depuis deux ans s'il n'eût péché par la base et si votre maudit maître d'école ne l'eût gâté :

Principiis obsta, sero medicina paratur,
Cùm mala per longas invaluere moras. »

M. Dumm, en écrivant cette lettre, n'avait guère réfléchi sur un grave inconvénient, celui de parler latin à des gens qui ne le comprennent pas. La comtesse après la lecture ne fut pas aussi fâchée de l'échec subi par son fils, de l'*épouvan-*

table catastrophe enfin, qu'elle le fut du mot *medicina*. Ayant appelé son mari et lui montrant la lettre : Conçois-tu, Anatole, la folie de M. Dumm? Nous conseiller de faire de notre fils un médecin, parce qu'il n'a pas été reçu bachelier! Un gentilhomme médecin! Le docteur a réellement perdu la tête. On se passera de M. Dumm. Maximilien fréquentera les cours de l'Université. Nous aurions dû prendre ce parti beaucoup plus tôt.

Maximilien se fit inscrire l'année suivante au secrétariat de la faculté des lettres à l'Université de Vienne et ce fut une faute énorme de la part de ses parents. Un élève qui n'avait pas travaillé, après avoir été pendant cinq ans enfermé dans l'intérieur d'un gymnase, ne devait point se livrer à l'étude dans le moment qu'il se voyait logé en ville et parfaitement libre. Il assistait rarement aux cours, il fréquentait de préférence les cafés et les brasseries. Il passait surtout la plus grande partie de la journée dans un de ces derniers établissements, où il était attiré par les yeux bleus d'une jolie blonde de 16 ans. La jeune Viennoise, qui avait nom Lischen, était d'un cœur sensible et ne laissa pas longtemps soupirer notre bachelier en herbe.

Pendant quatre mois, le bonheur de Maximilien et de Lischen ne fut troublé par aucun nuage; mais la prudence les abandonna et le brasseur les surprit un jour. Maximilien qui le connaissait passablement brutal sauta, au risque de se casser les membres, d'un premier étage dans la rue et Lischen, après avoir reçu de son père une correction un peu à l'Allemande, fut enfermée dans un couvent.

Cette aventure ne rendit point Maximilien plus sage, et sous prétexte de chercher des consolations à la perte de Lischen, il continua à mener le même genre de vie, sans songer un instant au baccalauréat.

Cependant la session des examens ayant été ouverte, le jeune comte, pour obéir à ses parents, fut forcé de se présenter. Il obtint de grands succès dans la narration allemande et dans l'autre composition écrite. Il croyait déjà avoir atteint le but, quand il se vit ajourné pour n'avoir point su l'époque précise à laquelle un duc obscur de Mecklembourg-Schwerin avait pris le gouvernement de ses petits états.

Maximilien refusé pour la seconde fois renonça tout-à-fait au titre de bachelier.

N'osant retourner à Blenheim et étant, disons-le, criblé de dettes, il s'engagea, en désespoir de cause, dans un régiment d'artillerie en garnison à Bude.

Le comte et la comtesse, en apprenant l'équipée de leur fils, n'en parurent pas très-chagrins. Ils se décidèrent à le laisser un an ou deux sous le régime militaire, et de le remplacer ensuite, dans la conviction qu'il reprendrait ses études avec ardeur.

Les parents de Maximilien s'étaient encore trompés sur son compte. Notre ancien étudiant se plia sans difficulté à la discipline militaire. D'une conduite et d'une tenue irréprochables, il fréquenta assidûment l'école régimentaire et s'adonna à l'étude des mathématiques avec un succès qui attira sur lui l'attention du colonel. A la fin de l'année, Maximilien était sous-officier. Grâce à son mérite et à sa naissance, il était sur le point d'être nommé lieutenant, quand on apprit son arrestation et sa mise en jugement pour assassinat.

Le régiment d'artillerie reçut l'ordre d'aller tenir garnison à Lintz et Maximilien, forcé de rester à l'hôpital pour une blessure reçue en duel, ne put partir que huit jours plus tard. Les voitures publiques le conduisirent du Bude à Vienne, et là, craignant que l'argent ne lui manquât, il se décida à continuer ses autres étapes à pied. Le troisième jour, sur le soir, il arriva à D.... petite ville entre Vienne et Lintz et dans l'hôtel où il descendit il eut le bonheur de rencontrer un M. Schmidt, ami de sa famille et ancien négociant, qui venait de faire des recouvrements à Lintz.

Maximilien reçut sur sa famille des nouvelles très-fraîches et M. Schmidt ne lui cacha point la douleur qu'éprouvait la comtesse de le voir militaire. Cependant, ajouta l'ancien négociant, si vous désirez être remplacé, je suis prêt à vous avancer la somme de suite, bien persuadé que vos parents me la rendront avec plaisir et me remercieront.

— Vous êtes trop bon, j'accepterais avec reconnaissance si le métier de soldat ne me convenait.

— Comme il vous plaira ; mais, laissons l'amour-propre de côté ; n'auriez-vous pas besoin de quelque argent ? Vous êtes habitué à bien vivre et la solde de sous-officier est si peu....

— Ma solde me suffit.

— Allons donc, Maximilien ! on croirait que vous parlez à un étranger. Ne vous gênez pas, encore une fois, je n'ignore pas que vos parents irrités ne vous ont jamais envoyé d'argent, et je voudrais....

— Puisque vous êtes si bien disposé à mon égard, je ne veux point vous désobliger. Offrez-moi un bon souper. Je suis un peu fatigué ; l'appétit ne manque pas et j'y ferai honneur. C'est tout ce que je puis accepter.

Maximilien fut traité en officier par son amphitryon qui ne lui épargna ni les mets délicats ni les vins fins de France. Le souper s'étant prolongé de 7 à 11 heures du soir, les deux convives songèrent enfin au repos. M. Schmidt se retira dans sa chambre, et Maximilien fut conduit par la domestique dans une petite salle où, par rapport à un grand nombre d'étrangers, on avait dressé deux lits. L'un était déjà occupé par deux voyageurs et l'autre était réservé à notre militaire.

Maximilien, en entrant dans cette salle ne s'aperçut même pas qu'on l'avait placé dans une chambre à deux lits. Un peu ébloui par les vapeurs du vin de France, il se coucha immédiatement et dormit d'un sommeil profond pendant la nuit entière. Le lendemain matin, notre sous-officier descendit à 7 heures et demanda à l'hôtelier si M. Schmidt était levé.

— Non, monsieur, répondit-il, M. Schmidt aime à dormir et ne descend jamais avant 9 heures.

— Eh bien! puisque je ne puis l'attendre, n'oubliez pas de lui adresser mes compliments. Servez-moi pour déjeûner un peu de viande froide ou une omelette, avec une bouteille de votre bon vin de France, pas plus d'une bouteille, entendez-vous, car j'ai du chemin à faire et je ne veux pas, comme hier, me mettre dans les vignes du Seigneur.

Maximilien ayant déjeûné de bon appétit, partit joyeux et dispos. Après avoir calmé les ennuis de la route par de gracieuses mélodies allemandes que Lischen lui avait apprises, et qu'il chantait à ravir, il était sur le point d'atteindre la grande halte, quand deux gendarmes à cheval arrivèrent à grand galop près de lui et le sommèrent de s'arrêter.

— Si c'est à moi que vous en voulez, messieurs, répondit Maximilien, je suis en règle, voici mes papiers.

— Oh! il s'agit d'une affaire bien plus grave : M. Schmidt a été assassiné à coups de sabre et le juge de paix a donné l'ordre de s'assurer de votre personne.

— M. Schmidt assassiné! Grand Dieu! Qu'est-ce que j'entends! et l'on ose me soupçonner moi qui le regardais comme un père!

—Peu nous importe; nous avons l'ordre et nous autres gendarmes nous ne connaissons que la consigne.

— Je le sais et je vous suis; mais, par pitié, racontez-moi du moins ce que vous savez sur cet affreux événement.

—M. Schmidt n'étant pas descendu à son heure ordinaire, l'aubergiste est allé frapper à sa porte et, ne recevant pas de réponse il s'est alarmé. Aussitôt, il a fait appeler un serrurier et le commissaire de police. La porte ayant été enfoncée, un spectacle affreux s'est offert aux yeux des spectateurs. Le cadavre de M. Schmidt était étendu sur un lit baigné de sang. Le malheureux avait été pour ainsi dire labouré à coups de sabre et vous comprenez, jeune homme.... Nous ne sommes pas d'hier....

— Oui, je vous entends : vous me croyez coupable, mais patience....

— Pour vous continuer ce récit, nous vous dirons que l'assassinat a été accompagné de vol : Le portefeuille de l'infortuné négociant, rempli de valeurs considérables, a disparu.

Maximilien interrogé par le juge de paix répondit avec la fermeté et la conscience d'un homme injustement accusé. Le magistrat ne trouvant point les preuves suffisantes et aussi par considération pour la famille de Blenheim, était sur le point de le mettre en liberté quand un gendarme eut l'idée de prendre le sabre de Maximilien et de sortir la lame du fourreau. Elle était teinte de sang. A cette vue, le juge demanda d'où ce sang provenait.

— Je ne saurais vous le dire, monsieur; tout ce que je puis assurer, c'est que je suis innocent.

— C'est possible, M. de Blenheim, mais vous sentez vous-même que...

— Si j'étais l'auteur du crime, M. le juge, il est probable que j'aurais essuyé mon sabre.

— Le conseil de guerre appréciera.

Le sous-officier fut enfermé à D... où il passa la nuit. Le lendemain il partit escorté par la gendarmerie pour Lintz et fut déposé dans la prison militaire.

L'arrestation de Maximilien fit grand bruit dans la contrée. Ses anciens condisciples et les régents du gymnase l'apprirent des premiers. L'étonnement était au comble, mais aucun ne pouvait croire Maximilien coupable ; le docteur lui-même, questionné, dit : On peut échouer deux fois dans un examen de baccalauréat et n'être point pour cela un scélérat. Cependant, messieurs, que cela vous serve d'exemple : Si M. Maximilien n'eût pas été faible en thême, il serait bachelier ; s'il eût été bachelier, il n'aurait pas été militaire, s'il n'eût pas été militaire, il n'aurait pas porté de sabre et s'il n'eût pas porté de sabre, vous comprenez qu'il ne serait pas arrêté. Ces niaiseries qui rappelaien la vieille chanson sur M. de la Palisse, excitèrent la pitié de ceux-là mêmes qui avaient la plus haute opinion de notre docteur.

Lorsque le comte et la comtesse eurent appris l'arrestation de leur fils, ils partirent immédiatement pour Lintz et se rendirent d'abord chez le colonel. La comtesse, en qualité de chef réel de la communauté, prit la parole : J'ose espérer, M. le colonel, que vous ne croyez pas coupable mon fils Maximilien ; il a pu commettre des fautes, des étourderies de jeunesse ; mais de là à un assassinat, il y a....

— Assurément, madame la comtesse,

si je ne l'avais pas cru innocent, je l'aurais abandonné à la justice civile, et je puis presque vous certifier que le conseil de guerre l'acquittera. Cependant, pour ne laisser sur le public aucune impression fâcheuse, il est bon que l'auteur ou les auteurs du crime soient découverts. Je fais en secret des démarches pour y parvenir. Veuillez me seconder de votre côté. Je tiens autant que vous-même à l'honneur de votre fils que j'estime beaucoup; car j'ai déjà sollicité pour lui les épaulettes.

Le comte et la comtesse adressèrent de vifs remercîments à ce brave colonel et sortirent enchantés de chez lui pour aller voir leur infortuné fils. Celui-ci en recevant cette visite, en éprouva une consolation d'autant plus douce qu'il s'y attendait moins, car depuis son enrôlement volontaire, il avait maintes fois écrit à ses parents, et on ne lui avait pas répondu. Aussi s'écria-t-il, en saisissant avec attendrissement les mains de sa mère : Oh! merci mille fois, mes bons parents; j'aurais été désespéré que vous me crussiez coupable!

— Toi coupable! mon Maximilien, répondit sa mère. Oh! non, personne ne le pense. Ton colonel qui nous a accueillis avec la plus grande bienveillance, est lui-même convaincu de ton innocence. Ce brave officier fait des démarches pour que les auteurs du crime soient découverts et nous agirons aussi de notre côté avec vigueur. Prends donc patience ; tu seras bientôt rendu à la liberté. En attendant, tu ne te priveras de rien, car je t'ai apporté une bourse bien garnie.

Le même jour le prisonnier reçut une autre visite qui ne l'étonna pas moins, celle de la fille du brasseur, Lischen, que son père avait retirée du couvent aussitôt après le départ de Maximilien pour Bude. Elle avait cependant juré de ne plus revoir Maximilien à qui elle avait écrit plusieurs lettres toutes restées sans réponse. Mais, en apprenant la fatale nouvelle, elle n'avait pu résister au désir de porter quelque consolation à un ancien ami dans le malheur.—Vous êtes injustement accusé d'un crime, lui dit-elle ; j'en ai la conviction. Seulement, vous êtes un inconstant et un ingrat. Je ne devrais pas être ici.

— Que signifient ces paroles, Lisette ?

—Elles signifient, monsieur, que vous m'avez oubliée et n'avez pas daigné répondre à une seule de mes lettres.

—Moi! t'avoir oubliée, ma chère Lise! Comment as-tu pu le supposer? Aucune de tes lettres ne m'est parvenue. Si j'avais su le lieu où l'on t'avait enfermée, je t'aurais écrit le premier ou plutôt j'aurais tout tenté pour te délivrer.

— Bien vrai?

— Je te le jure.

—Alors, je suis heureuse. Maintenant, écoute ce que j'ai fait pour toi : Afin de te voir, j'ai conté un mensonge à mon père dont tu connais la sévérité.

— La sévérité! tu es bien modeste. Je n'ai pas oublié le premier étage d'où je suis descendu lestement. Mais, n'importe; oublions cela : j'en ai été largement payé par ton amour. Continue, mon adorée.

— Mon père me croit à C.... auprès d'une de mes tantes qui connaît mon amour pour toi et ne me trahira pas. Sachant que tes parents sont irrités contre toi et te privent d'argent, je m'en suis procuré et, avec le produit de la vente de mes bijoux, je t'apporte une somme assez ronde.

— Quel sacrifice! Il faut savoir aimer comme toi,

—Il n'y a pas de sacrifice, parce que si tu m'aimes véritablement je dois te plaire sans bijoux et sans parure brillante.

— Certainement, mais ton dévouement est inutile, ma bonne Lischen. Ma mère qui est sortie il y a une heure environ m'a remis 200 florins.

— Ta mère est venue! Oh! la brave dame! que je désirerais la connaître!

— Je te présenterai bientôt à elle comme ma future.

— Ce serait trop de bonheur, Maximilien, et je n'ose l'espérer. Un gentilhomme épouser la fille d'un brasseur! Cela ne se voit que dans les romans.

—Allons-donc, Lischen, tu me blesses. En te prenant pour femme je ne croirai jamais faire une tache à mon blason. Les nobles qualités de l'esprit et du cœur ont seules du prix.

— Et tes parents ?

—Mon père a laissé toute l'autorité à ma mère et celle-ci qui m'a toujours gâté ne se refusera point à mes vœux.

Maximilien avait à peine prononcé ces dernières paroles que le geôlier parut pour enjoindre à nos deux amoureux de se séparer. Lisette se retira à pas lents, non sans regarder plusieurs fois derrière elle et en criant au prisonnier : Courage! je reviendrai bientôt.

Cependant les démarches du colonel

et de la famille de Blenheim pour découvrir les assassins n'avaient amené aucun résultat. Maximilien était sur le point de paraître devant le conseil de guerre, lorsque le hasard mit la justice sur la trace des coupables : Un jour de foire à D..... un attroupement considérable s'était formé dans une des principales rues de cette petite ville. Le maître d'hôtel qui avait hébergé M. Schmidt et Maximilien s'approcha pour en connaître la cause. C'étaient deux filous qui ayant volé des étoffes de drap avaient été surpris en flagrant délit par trois agents de police.

Le maître d'hôtel allait rentrer chez lui, fâché de s'être dérangé pour si peu, quand apercevant la figure de l'un des filous, il lui sembla le reconnaître et l'avoir logé la nuit de l'assassinat. S'étant approché davantage, il n'eut plus de doute sur l'identité de ces deux hommes qui avaient couché dans la même chambre que Maximilien, et il alla faire sa déclaration à la justice.

Les deux voleurs, étrangers au pays, adoptèrent d'abord, comme tous les malfaiteurs de profession, un système de dénégation complète. Confrontés avec le maître d'hôtel, ils jurèrent ne l'avoir jamais vu. Cependant, la justice n'en poursuivit pas moins son œuvre. Elle reçut bientôt les dossiers des deux filous qui avaient déjà subi plusieurs condamnations judiciaires. Comme les preuves étaient accablantes, ils commencèrent à faire des aveux. Pressés davantage et auteurs de plusieurs assassinats, ils ne crurent pas, du reste, s'exposer à une peine plus grave en se reconnaissant coupables d'un crime de plus; ils confessèrent tout au juge d'instruction et donnèrent les détails les plus minutieux sur l'assassinat de l'infortuné Schmidt.

M. Schmidt, après avoir terminé ses affaires à Lintz, était arrivé à D. à six heures du soir. Là il rencontra un ancien négociant de ses amis qui l'invita à entrer dans un café pour boire un petit verre d'absinthe. M. Schmidt raconta à cet ami le sujet de son voyage à Lintz et comment il avait été assez heureux pour retirer en bons billets de banque une somme de 80 mille francs qui lui était due, tandis qu'auparavant il eût cédé sa créance pour la moitié.

Les paroles de M. Schmidt furent entendues de deux joueurs qui se trouvaient à une table voisine et qui, tout en ayant l'air d'être uniquement occupés de leur jeu, ne perdirent pas un mot de la conversation des deux amis. Lorsque M. Schmidt fut sorti, ces deux hommes se levèrent et le suivirent sans qu'il s'en aperçût... L'ayant vu entrer à l'hôtel du Pélican, ils s'y présentèrent un quart d'heure après en demandant à souper et un lit pour deux, ce qui leur fut accordé.

Placés, comme nous l'avons dit, dans la même chambre que Maximilien, les deux scélérats se levèrent à une heure du matin quand tout le monde reposait d'un sommeil profond dans l'hôtel. Munis d'une lanterne sourde, de pinces, de *monseigneurs* et d'autres instruments à l'usage des malfaiteurs, ils pénétrèrent sans bruit dans la chambre de M. Schmidt, le surprirent endormi, le bâillonnèrent et enfin l'étranglèrent. Après s'être assurés que le malheureux ne donnait plus aucun signe de vie, ils lui firent de nombreuses entailles avec le sabre de Maximilien pour que les soupçons tombassent sur ce militaire.

Les assassins s'étant emparés du portefeuille de l'ancien négociant et de vingt pièces d'or, fermèrent sa porte à clé et rentrèrent paisiblement dans leur chambre. Là ils essuyèrent le sang dont la poignée du sabre était couverte, en le laissant sur la lame qu'ils remirent dans le fourreau, sans que Maximilien enseveli dans le vin et le sommeil s'en aperçût. A 4 heures du matin, les deux scélérats avaient disparu et pris des chemins détournés, pour ne point tomber entre les mains de la gendarmerie.

Maximilien mis en liberté se rendit immédiatement chez son colonel, pour lui présenter ses respects et le remercier en même temps des démarches qu'il avait bien voulu faire en sa faveur. Cet officier supérieur l'invita à sa table avec les chefs d'escadron de son régiment. On s'entretint de l'aventure de Maximilien et l'on bénit la Providence qui avait permis que deux scélérats de la plus dangereuse espèce et longtemps impunis fussent arrêtés dans une foire de village, en *faisant le mouchoir*. La conclusion finale fut qu'il ne faut jamais à l'hôtel coucher dans une chambre à deux lits, surtout quand il y a des gens qu'on n'a jamais vus ni connus.

Six semaines après les événements que nous venons de raconter, Maximilien recevait son brevet de lieutenant en second. et trois mois plus tard, il épousait Lischen. Le mariage, comme il s'y était attendu, avait rencontré une forte opposition de la part de la comtesse sa mère, qui avait enfin cédé et même assisté à la bénédiction nuptiale.

Le repas de noces eut lieu chez le brasseur qui traita ses convives en seigneur. Il leur servit du bourgogne, du champagne et du tokai. Quant à la liqueur de sa fabrique, il en fit distribuer largement et gratis à ses pratiques ; dans sa joie il invitait jusqu'aux passants et leur disait : Buvez, mes amis, ne vous gênez pas ; buvez toujours à la santé des nouveaux mariés. Ma fille est comtesse, tudieu ! et moi imbécile, qui voulais, il y a quelque temps, casser les reins à ce jeune comte ? Quel bonheur pour moi et pour lui qu'il n'ait pas eu la goutte ou des rhumatismes aux jambes !

Trois ans s'étaient écoulés depuis ce mariage et l'on ne savait où Maximilien était en garnison quand il écrivit à son ancien régent de 3e du gymnase, le seul professeur qui eût été invité à la noce. Le régent avait à peine achevé la lecture de la lettre que le docteur Dumm parut.

— Arrivez, M. le sous-directeur, j'ai de bonnes nouvelles à vous annoncer d'un de vos anciens pensionnaires, M.

Maximilien de Blenheim. Cet homme, qui selon vous n'était propre à aucune carrière, à cause de sa faiblesse en thème, est aujourd'hui capitaine dans une arme spéciale.

— Il doit ce grade à sa noblesse.

— Est-ce aussi par rapport à sa noblesse qu'il est membre de trois sociétés savantes ou académies?

— Est-il des académies de Berlin, Breslau, Vienne ou Prague?

— Non, M. le sous-directeur; mais c'est déjà un honneur d'être admis dans des sociétés savantes moins illustres.

— Ah! oui; dans ces petites sociétés soi-disant savantes de province dont on a fait justice depuis longtemps. A part cinq ou six personnes de mérite dans chaque académie, la plupart des membres sont des gens très-médiocres; quelques-uns même auraient besoin d'apprendre l'orthographe de leur langue maternelle. Ces derniers ont été reçus académiciens, grâces à leur fortune, au rang qu'ils occupent ou occupaient dans le monde.

— Cependant les brochures, les rapports publiés par ces sociétés ne sont pas sans valeur.

— Quant aux brochures, lisez Rabelais; vous verrez comment il faut les qualifier. Pour ce qui a trait aux rapports, c'est passablement ridicule : M. Pierre fait sans vergogne un rapport sur une brochure de M. Paul son collègue et *vice versâ*. Un mauvais plaisant pourrait ajouter : *asinus asinum fricat* (1); mais je ne vais pas si loin.

— Vous me permettrez, M. le sous-directeur, de n'être pas de votre avis.

— Comme vous voudrez. Je vous salue.

— J'ai l'honneur de vous présenter mes très-humbles respects.

Le capitaine d'artillerie de Blenheim était heureux avec sa chère Lischen qui lui avait donné deux beaux enfants, et il aurait pu prétendre aux plus hauts grades dans l'armée autrichienne. Malheureusement, un duel dans lequel il blessa à mort un officier supérieur le força de s'expa-

---

(1) Bien que messieurs les Autrichiens soient d'excellentes gens, nous ne voulons point nous attirer une querelle d'allemand. Nous professons une opinion tout-à-fait contraire à celle de M. Dumm qui sans doute n'appartenait à aucune académie. Les plus petites sociétés académiques sont composées d'hommes de talent. Quiconque y est admis est nécessairement un savant devant qui nous nous inclinons; sans quoi, il ne ferait point partie de l'aréopage.

trier. Retiré en France, il y vécut cinq ou six mois paisiblement avec ses cinquante mille livres de rentes; mais, bientôt fatigué de ce genre de vie, il voulut rentrer dans l'état militaire, se fit naturaliser et s'enrôla dans un de nos régiments de zouaves, en abandonnant l'arme de l'artillerie dans laquelle l'avancement ne lui semblait pas assez rapide.

En quelques années, Maximilien, par son talent et son courage, récupéra ses épaulettes avec la croix de chevalier. Parti pour la Crimée en qualité de capitaine de zouaves, il est aujourd'hui, à l'âge de 35 ans, chef de bataillon et officier de la Légion-d'Honneur. Sa carrière militaire ne s'arrêtera point là, et l'on pourrait demander au docteur Dumm, s'il vivait encore, combien il a vu de sujets forts en latin et en grec arriver, à cet âge, à une position aussi brillante.

FIN.

TABLE DES MATIÈRES.

	Pages.
Les Chasseurs d'Afrique.	1
Les Chasseurs à Pied.	54
Les Cuirassiers.	186
Les Dragons.	32
La Légion Etrangère.	83
Le 7me Léger.	138
— —	170
Les Zouaves.	110
— —	122

www.ingramcontent.com/pod-product-compliance
Lightning Source LLC
Chambersburg PA
CBHW071948160426
43198CB00011B/1595